EDITORA DO CONHECIMENTO

Auxiliando a humanidade a encontrar a Verdade

Luzes da Teosofia

Luzes da Teosofia – Vol. 6

Autores diversos

Todos os direitos desta edição reservados à
CONHECIMENTO EDITORIAL LTDA.
Rua Prof. Paulo Chaves, 276 – Vila Teixeira Marques
CEP 13480-970 — Limeira — SP
Fone/Fax: 19 3451-5440
www.edconhecimento.com.br
vendas@edconhecimento.com.br

Organizador: Edilson Almeida Pedrosa
Projeto gráfico: Sérgio Carvalho
Ilustração da capa: Banco de imagens

ISBN 978-65-5727-039-4
2ª Edição – 2020

• Impresso no Brasil • Presita en Brazilo
Produzido no departamento gráfico da

Conhecimento Editorial Ltda
grafica@edconhecimento.com.br

Dados Internacionais de Catalogação na Publicação (CIP)
Angélica Ilacqua CRB-8/7057

Luzes da Teosofia – Vol. 6 / Organizado por Edilson Almeida Pedrosa — Limeira, SP : 2ª ed. : Editora do Conhecimento, 202-.

172 p. (Teosofia: A força da Verdade)

Diversos autores
ISBN 978-65-5727-039-4

1. Teosofia 2.Ciências ocultas 3. Espiritualidade 4. Filosofia I. Pedrosa, Edilson Almeida

19-1914 CDD – 130

Índices para catálogo sistemático:
1. Ciências ocultas : Esoterismo

Autores diversos

Luzes da Teosofia

Volume 6

2ª edição
2020

EDITORA DO CONHECIMENTO

"Eu sou Aquilo" tem que significar não somente que o homem e o divino são um e não dois. Também tem que significar que " Eu" sou a rocha, a planta, o animal, o pecador, o santo, cada fato cotidiano de minha vida e da vida do mundo. Especialmente tem que significar, posto que somos homens e temos limitações humanas, que aquilo que os homens rejeitam por ser algo "desagradável", a luta, a dor, a decepção ou o fracasso, são também a unicidade e, por isso, são "eu mesmo."

C. Jinarajadasa

Conteúdo

Prefácio

> Um livro aberto é um cérebro que fala; fechado, um amigo que espera; esquecido, uma alma que perdoa; destruído, um coração que chora. – Tagore

A teosofia é o acervo de conhecimentos das causas da existência de tudo no Universo retido por um grupo de seres extraordinários chamados adeptos, cujas mentes estão em perfeita sintonia com a Mente Universal. Além da busca incessante pelo conhecimento e sabedoria universais, as doutrinas teosóficas firmam-se também nos preceitos do amor, da fraternidade e do não egoísmo. É nesse manancial infinito e eterno da verdade, do amor e da sabedoria universais onde se assentam todas as religiões e encontra-se a essência dos sistemas filosófico-religiosos da antiguidade. A teosofia unifica, explica e harmoniza filosofia, ciência e religião, e o exame apurado da literatura teosófica autêntica deixa transparecer claramente essa concordância fundamental.

O movimento teosófico moderno, fundado por H. P. Blavatsky e Henry Steel Olcott, no último quartel do século XIX, espalhou-se pelo mundo e tem se tornado cada vez mais conhecido na atualidade. Grande parte do sucesso dessa nova corrente de pensamento deve-se à notável obra escrita deixada por Blavatsky, a qual se coloca como um dos capítulos mais destacados da criatividade humana. Percebe-se naquele magnífico edifício literário uma espantosa demonstração de talento, erudição, inspiração, visão profética, profundidade espiritual, constituindo-se um fenômeno inexplicável que ainda choca e surpreende a mente da maioria das pessoas que entram em contato com ele. A grandiosa obra de Blavatsky compõe-se não apenas dos muitos e importantíssimos livros que publicou, mas também de numerosos artigos editados por vários periódicos e que formam, em seu conjunto, um acervo monumental. Boris de Zirkoff, sobrinho de Blavatsky, colecionou notas, diários, artigos, cartas, bem como todos os seus livros publicados, perfazendo uma coleção, em 14 volumes, que foi denominada The Blavatsky Collected Writings e totaliza mais de 8000 páginas.

Além de todo esse rico material provindo da fundadora, que contém ensinamentos valiosos, com suas instruções particulares, inclusive as que ela transmitiu depois de 1888 aos membros da Seção Esotérica da Sociedade Teosófica, os atuais teósofos dispõem de uma quantidade volumosa de livros, pesquisas e artigos elaborados por teósofos notáveis de grande erudição e espiritualidade, sendo alguns deles companheiros de primeira hora dos fundadores da Sociedade Teosófica e outros que se destacaram em fases subsequentes de desenvolvimento e expansão da teosofia pelo mundo, inclusive na atualidade. Só para lembrar alguns nomes, podemos citar, dentre dezenas de outros igualmente importantes: A. P. Sinnett, William Q. Judge, H. S. Olcott, Annie Besant, T. Subba Rao, C. W. Leadbeater, G. R. S. Mead, Gerald Massey, Franz Hartmann, Ernest Wood, C. Jinarajadasa, Arthur A. Powell, N. Sri Ram, Geoffrey Hodson, Gottefried de Purucker, Boris de Zirkoff, Clara M.Codd, P. G. B. Bowen, Geoffrey Farthing, N. Bhashyacharya, R. B. Holt, Parabolanus, Frederick Hockley, Geo. C. Williams, Ianthe Hoskins, A. L. Pogosky, Bhagavan Das.

Após quase 150 anos da fundação da Sociedade Teosófica, ocorrida em 1875, a tremenda produção literária dos teósofos e pesquisadores vinculados, discípulos ou não dos mestres de sabedoria, especialmente os milhares de artigos produzidos, encontram-se à disposição dos estudantes de filosofia esotérica na forma de livros e outras publicações ou até mesmo na internet. Porém, quase tudo se encontra redigido em línguas estrangeiras, especialmente a inglesa, o que dificulta enormemente para os pesquisadores e buscadores da vida espiritual de língua portuguesa com desconhecimento de outros idiomas.

Há, por conseguinte, grande demanda a ser suprida por mais publicações na nossa língua que exponham integralmente o pensamento dominante e as tendências atuais que derivam dos ensinamentos valiosos da Sabedoria Antiga. A **EDITORA DO CONHECIMENTO** espera agora que esse anseio possa ser satisfeito com a publicação da presente série de volumes do selo 'Luzes da Teosofia'. A profícua produção literária sob a forma de artigos produzidos por Blavatsky e os mais destacados teósofos do passado e da atualidade serão disponibilizados, a cada mês, sob o formato de livros, numa série sem prazo determinado para terminar. A Editora espera que essa antologia do conhecimento divino, exposta magistralmente por qualificados pesquisadores da verdade eterna, possa se constituir num roteiro seguro de acesso ao conhecimento esotérico.

Os teósofos caracterizam-se especialmente por serem livres pensadores. Desde a sua fundação, a Sociedade Teosófica, apesar de ter o seu corpo doutrinário, nunca impôs aos seus membros renúncia às crenças particulares e aos ensinamentos e dogmas de suas religiões, a única exigência é com a prática da fraternidade e o respeito mútuo. De sorte que não se deve esperar nos textos apresentados nesta série ora lançada inteira coerência e concordância uns com os outros, pois cada autor teosófico tem o direito de expressar livremente o pensamento de qualquer escola a que esteja vinculado, mas jamais o de menosprezar opiniões opostas à sua ou de forçar qualquer pessoa a aceitar os seus pontos de vista.

Por que não devemos comer comida animal?[1]

por C. G. Kaji
Tradução: Edilson A. Pedrosa

A comida sustenta a vida em todo o Universo. É, portanto, tão digna de consideração quanto a própria vida. Todo o Universo está cheio de vida. A comida como nutriente é a mesma vida que a vida nutrida. A seleção de alimentos é, portanto, apenas uma seleção de vida ou vidas para nutrir a vida. Uma vez que a vida deve ser nutrida, e como só a vida a nutrirá, a melhor comida será a que beneficiará mais o nutrido e prejudicará menos o nutridor.

O nutrido, como também o nutridor (alimento), é um ser, uma existência no Universo. Ambos são vida, como dito acima. A vida implica em e é mantida pela mudança. Onde quer que haja vida, há obrigação de mudar. Essa mudança, enquanto mantém alguma vida, envolve o fim de uma outra vida. Assim, a vida e a morte andam de mãos dadas neste Universo de vida. O que nutre morre para que os nutridos possam viver. Em outras palavras, a comida morre para que o ser alimentado possa viver.

Com essas observações preliminares, começaremos com a consideração dos alimentos mais adequados para os seres humanos. Um ser humano é um organismo complexo. Ele é composto de seu corpo físico, seu prana, sentidos, ***manas***, ***buddhi***

---

[1] Título original: ***Why Should We Not Eat Animal Food?*** Em ***The Theosophist*** – Vol. XXI, nº 1, October 1899, p. 20. http://www.iapsop.com/archive/materials/theosophist/theosophist_v21_n01_october_1899.pdf.

e alma, ou *atma*. Para falar em termos filosóficos, ele é a Realidade encerrada em cinco corpos ou *koshas*, a saber, começando do mais grosseiro, temos os seguintes *koshas*: *annamaya*, *pranamaya*, *manomaya*, *vijndnamaya* e *anandamaya*.

A forma vem em primeiro lugar, e a individualidade do ser manifesta-se primeiramente no ponto mais alto de *manas*, que é nem mais nem menos do que os *samskdras*[2] do ser individualizado que vem à manifestação. O *manas* reúne experiência do mundo objetivo. O resultado de uma encarnação é transformado em *samskdra*, que determina a próxima encarnação.

Assim, um homem é o que os seus *samskdras* fizeram dele, e como seu *samskdra* é novamente o que ele fez, um homem é quem fez a si mesmo. Seu *manas* é a manifestação de seu *samskdra*, e tem dentro de si as potencialidades dos sentimentos, paixões e emoções com as quais ele se permitiu ser influenciado no passado. Isso limita seu ser e sua existência, e foi ele mesmo quem determinou esse limite. Com experiência e juízo maduro, ele vem a saber que aquilo que seja uma vez acreditado como sendo a felicidade torna-se uma fonte de dor para ele. Começa a sentir o fardo de seus apegos, seus amores e ódios e percebe sua própria imperfeição. Ele se empenha por sua própria felicidade e perfeição. Libertar-se da causa do sofrimento e assegurar a remoção do que o limita torna-se objetivo de sua vida. Seus *samskdras* são o que o limita, e seu apego a eles é o que leva à infelicidade. A remoção deles torna-se seu objetivo e dever. Estes *samskdras* nada mais são que sensações que foram mais ou menos modificadas e organizadas em conceitos quando ele, como um ser autoconsciente, emergiu de sua natureza animal. O desenvolvimento dessas mesmas sensações atingiu seu clímax no despertar de sua autoconsciência.

Sem autoconsciência, não poderia haver inteligência, razão e ideia de si mesmo – esta inteligência, razão e ideia do eu

---

[2] *Samskdra*, que se escreve *samskâra* ou *sanskdra*, significa na filosofia hindu as "impressões deixadas na mente pelas ações individuais ou circunstâncias exteriores e suscetíveis de serem desenvolvidas em alguma ocasião futura favorável e ainda num nascimento futuro. O *sanskara* designa, portanto, os germes de propensões e impulsos procedentes de nascimentos anteriores, para serem desenvolvidos nesta ou em futuras encarnações." Ver Glossário Teosófico (Ed. Ground Ltda). (NT).

que foram amadurecidas pela experiência o levam a realizar o bem-estar de sua personalidade. Assim, o desenvolvimento de sensações para as quais a evolução animal contribuiu foi essencial para ajustá-lo à realização do bem-estar de si mesmo que ele agora almeja.

Seu *samskdra*, que foi constituído em diversas encarnação, determina o limite do si mesmo e revela sua própria imperfeição. Seu alvo é atingir a perfeição. É a expansão do seu eu ainda limitado que ele procura. As sensações organizadas em conceitos limitam-no. Ele deve rompê-los se quiser alcançar o seu objetivo. A autoconsciência irá sendo transformada em consciência universal. O "eu" individualizado e limitado perceberá, então, sua identidade e unidade com todo o Universo. O eu se desenvolverá e se expandirá em direção ao eu universal, abarcando em si todos os seres. O que estava latente na consciência animal tornar-se-á plenamente desenvolvido. O homem que chegou a esse estágio é um iogue perfeito.

Mais adiante, há ainda um estado superior ao qual um iogue visa e está atento. Mas isso não diz respeito à questão em pauta, a saber, a consideração da comida que melhor se adapta aos seres humanos e que mais tende ao bem-estar deles. Seu próprio bem-estar, todo ser humano tem isso no coração, e seu bem-estar consiste na expansão de seu ser até seu limite extremo. Chega ao seu clímax ao atingir o estado de um iogue, como explicado acima.

O "eu" autoconsciente e individualizado só pode intentar conscientemente a expansão de seu eu. As limitações que ele procura remover são os produtos organizados resultantes das evoluções mineral, vegetal e animal através das quais o que agora se chama de "eu" individualizado e autoconsciente teve de passar até tornar possível o seu próprio ser. Estes produtos fizeram possível o seu ser. Eles formam novamente as limitações que ele procura remover. O que era essencial para trazê-lo ao ser, serve agora como um impedimento ao seu bem-estar. Estes produtos formam agora a sua natureza como um ser individualizado. Ao procurar removê-los, ele deseja uma mudança. Mudança significa vida. Enquanto houver vida, haverá mudança. Para realizar esta mudança, portanto, o ser individualizado deve viver. Para viver, ele deve ter alimentação ou comida. A natureza da comida deve ser tal que lhe permita viver e, ao mesmo tempo, não frustrar o seu objetivo, a saber, a expansão de seu eu pela remoção do que o limita. O alimento, enquanto sustenta sua vida, não deve aumentar as limitações ou dificultar sua remoção.

Toda espécie de alimento que o ser humano individualizado pode selecionar para si mesmo virá de um ou outro dos quatro reinos da natureza: mineral, vegetal, animal e humano. Os produtos que o limitam são igualmente derivados dos mesmos quatro reinos através dos quais, ao vir a ser, o presente ser individualizado teve que passar em seu curso evolutivo. Assim, a comida que ele terá que selecionar estará mais ou menos relacionada com os produtos que ele pretende remover.

Para entender a natureza dos produtos que ele busca remover e para julgar se um alimento em particular ajudará ou retardará sua remoção, será proveitoso um breve esboço da evolução mineral, vegetal e animal.

Cada átomo do mineral é uma vida. Assim é também toda célula vegetal e animal. A vida do mineral está no átomo. Ele manifesta-se apenas em sua forma. A prova disso é vista no processo de cristalização. Cada molécula é uma vida independente por si só. O mineral se agarra à sua forma. A similaridade da vida em duas ou mais moléculas une-as em uma massa. Mas a vida da massa é a vida de suas moléculas constituintes. Recebe impressões de fora, mas não assimila nenhuma. O espaço, ou o aspecto *jada*,[3] no mineral superou completamente o aspecto *chaitanya*,[4] que tem seu desempenho limitado ao extremo. Neste estado mais denso, não responde a irritação, isto é, na presença de impactos externos, preserva a sua forma particular.

Impactos fortes e repetidos na vida mineral, martelando a *chaitanya* enclausurada e provocando-lhe vibrações repetidamente, geram uma espécie de hábito ao qual ela começa a responder e adaptar-se, acomodando-se a tais impactos. Quando

[3] Segundo o *Glossário Teosófico*, *jada* significa: "Inconsciente, estúpido, apático." (NT).

[4] No *Glossário Teosófico*, encontramos a seguinte definição para a palavra *chaitanya*: "Inteligência, consciência, mente, pensamento, alma pensante, luz do espírito." (NT).

esse estágio é alcançado, o mineral é transformado no vegetal. A *chaitanya* tem um desempenho mais desimpedido. O átomo mineral evolui para uma célula vegetal. O mineral nele está em uma forma mais sutil que permite que a *chaitanya* responda à irritação externa. A *chaitanya* vibrante que trabalha na célula vegetal evoluiu a partir da molécula mineral, enquanto determina a forma e a vida de uma célula vegetal individual, une células similares e, funcionando dentro de todas elas, modela-as num todo complexo. Esta vida, funcionando nas várias células vegetais e mantendo-as numa certa relação mútua, determinando seu crescimento, decadência e regeneração e formando a vida da planta como um todo, é o aspecto *chaitanya* que se manifesta no que corresponde ao *pranamaya kosha*[5] do ser humano. Assim, o *pranamaya kosha*, ou a potencialidade da existência imediatamente acima e mais sutil que o físico, é despertado com a evolução do vegetal. Concomitantemente ao seu despertar, a matéria mineral tornou-se suficientemente organizada para constituir o corpo da célula vegetal. Quando está constituindo o corpo da célula vegetal, ela não apenas recebe as vibrações, como fez ao constituir o átomo mineral, mas transmite-lhes energia que joga para dentro, a qual se torna modificada e atua na composição da própria célula. Essa obrigação da energia na célula vegetal de ser influenciada por impactos externos e de influenciar a forma e o funcionamento da própria célula marca o despertar do *pranamaya kosha*. Para falar em outras palavras, a evolução do vegetal despertou a energia trabalhando a matéria sutil que estava latente no átomo mineral e que irá construir o *pranamaya kosha* no corpo humano.

Encontramos as células no vegetal não apenas em justaposição e funcionando independentemente umas das outras, mas há uma vida que faz o funcionamento de cada célula-vida individual trabalhar em harmonia consigo mesmo, contribuindo assim para a preservação da integridade da planta. Com a evolução do vegetal vem o elemento de cooperação das células individuais para um propósito comum. Além da mera existência física a que se restringia o mineral, desenvolve-se a sensi-

[5] *Pranamaya kosha* – segundo a classificação vedantina, é o prana (vida) junto com o seu veículo, que é o corpo astral, ou linga sharira. Ver *Glossário Teosófico*. (NT).

bilidade (inconsciente) no vegetal. A vida coordenadora no vegetal, através das células mais ou menos organizadas dele, é susceptível de ser irritada por choques externos e faz com que as células cooperem em conformidade umas com as outras.

A constante e repetida irritação de natureza semelhante gera uma tendência estabelecida no funcionamento da vida vegetal para responder mais prontamente a um tipo de irritação do que a outro. O germe da sensação que caracteriza a evolução animal está nessa tendência sedimentada.

Quando um tipo particular de irritação está tão assentado que gera um centro, por assim dizer, que influencia a vida vegetal, uma forma mais alta e sutil de energia é despertada. Essa centralização da vida vegetal marca o início da vida animal com sua sensação, ou corpo *kâmico*, que forma a parte inferior da qual resulta o *manomaya kosha*[6] do corpo humano. A energia do aspecto *chaitanya* tem um desempenho mais livre aqui do que na vida vegetal correspondente ao *pranamaya kosha*. É o despertar do *chaitanya* funcionando em um estado mais sutil da matéria. O *pranamaya kosha*, ou vida vegetal, é organizado em um molde particular sobre o qual se formam as células vegetais. Elas estão tão organizadas que, na presença de um tipo particular de irritação, são postas numa vibração que transmitem ao *kosha*, ou o plano de matéria mais sutil do que aquele em que trabalha a vida vegetal, a qual não mais comanda o funcionamento das células, mas que apenas executa as ordens do mestre distante. Quando o centro está firmemente formado, e o *pranamaya kosha*, ou a vida vegetal, e as células individuais, assentados em uma vibração particular em obediência ao centro dominante, qualquer irritação discordante encontrará resistência das células, do *pranamaya kosha* e do centro dominante. A resistência se mostrará na perturbação da harmonia das vibrações e será telegrafada ao centro governante, que sentirá

[6] *Manomaya kosha* (sânscrito) – termo vedantino que designa algo equivalente ao *manas* dual (superior e inferior) da filosofia esotérica, ou seja, os quarto e quinto princípios do homem. "É a alma animal juntamente com as partes inferiores do princípio intelectual, ou seja, o invólucro do Eu composto pela mente inferior e pelo princípio ou local das emoções e paixões, a união do corpo mental com o corpo passional (alma animal, ou corpo astral, como outros denominam)." Ver *Glossário Teosófico*. (NT).

a desarmonia como dor e se esforçará, através do *pranamaya kosha* e das células, para resistir e remover a causa perturbadora. Enquanto assim resiste à desarmonia, corteja e atrai harmonia e sente prazer. Todo centro formado no corpo *kâmico* é o desenvolvimento da sensação.

Com a evolução do animal ocorre o despertar da consciência e da sensação de dor e prazer. Cada sensação, significa dizer que aquilo que era meramente irritação na evolução vegetal, estabeleceu-se e moldou-se num centro particular com o despertar do corpo *kâmico*. Toda irritação que se harmoniza com um determinado centro é assimilada e organizada nele.

A evolução animal não vai além da consciência de harmonia e desarmonia das irritações e dos impactos externos, bem como da regulação do *pranamaya kosha* na busca da harmonia e evitação da desarmonia nas células que constituem o corpo físico. O impacto externo causa dor ou prazer, o animal sente isso e se esforça para evitar o primeiro e buscar o último, não obstante o impacto continue em relação ao corpo e permaneça vibrando as células, o *pranamaya kosha* e o centro de sensação no corpo kâmico. Cessando a relação e diminuída a vibração, o animal deixa de ter qualquer preocupação com ela, ou qualquer experiência de dor ou prazer. Assim, ele se preocupa mais com a vibração irritante que é transmitida ao centro de sensação do que com aquilo que causa essa vibração. Sua consciência não percebe a relação entre duas sensações consecutivas produzidas pelo mesmo objeto. A natureza animal pura consiste apenas em estar consciente dos contatos individuais. Contatos frequentes e repetidos da mesma natureza acostumam o centro de sensações a responder automaticamente a eles, até que fique tão intensamente sensível que uma mera visão ou o menor toque da causa irritante, que antes não era tão facilmente respondida, seja suficiente para despertar a sensação. Esse é o desenvolvimento do que é chamado instinto animal. E em alguns dos animais superiores, o instinto é tão agudo e desenvolvido que chega muito perto do *manas* humano. O germe da sensação e da consciência do animal está, como no vegetal, respondendo automática e inconscientemente à irritação; assim, no instinto do animal, encontra-se o germe do *manas* autoconsciente do homem.

Impactos frequentes e repetidos no centro de sensação estabelecem uma espécie de relação entre a sensação e a sua causa, até que a própria aproximação da causa, mesmo antes do contato real, seja suficiente para despertar a sensação no animal. Quando alguma sensação em particular é despertada repetidamente em um animal, ela imprime seu próprio selo, por assim dizer, em todo o animal. É o começo do caráter, pelas sensações que estão sendo organizadas num centro superior. Este centro concentra sensações similares ou algo comum a muitas outras. Está num plano mais alto e mais sutil que o corpo *kâmico*, ou da sensação. Este plano é o plano de *manas*, onde as sensações são organizadas. As sensações perceptivas centralizam-se num pensamento ou conceito que rege e modifica o corpo kâmico, o *pranamaya kosha* e as células físicas e imprime sua marca em todas elas. Com o desenvolvimento de tais centros de pensamento, começa a evolução humana de *manas*. No momento em que esse estágio de evolução é alcançado, as células físicas, o *pranamaya kosha* e o corpo *kâmico* avançam um passo em sua respectiva organização e, como agora estão organizados, vibram tanto na presença de impactos externos, que transmitem suas vibrações ao plano mais sutil de *manas*, quanto respondem ao impulso que vem dele. Sensações assim organizadas e centralizadas são conceitos. Os conceitos formam o caráter do ser humano, são a sua essência. Eles o distinguem de todos os outros seres. Aqui começa o ser individualizado. Quando o *manas* desperta com a centralização das sensações em conceitos, a consciência animal se desenvolve em autoconsciência do ser humano individualizado. Seus conceitos são o que ele assimila em seu ser. Eles o limitam e distinguem do resto. Sua resultante é o *samskdra* que no momento da encarnação se diferencia nos conceitos originais e molda seu *manas*. O ser humano durante qualquer vida fortalece, muda ou modifica seus conceitos anteriores e, assim, gera novos *samskdras* para futuro nascimento. Isso continua, nascimento após nascimento. Quando o ser individualizado percebe a limitação que seu próprio *samskdra* lhe confere e tenta a expansão de seu eu pela remoção que o limita, ele se esforça para libertar-se daqueles *samskdras*, abandonando-os completamente. Como um ser humano individualizado, quando mais nenhum *samskdra* é deixado para limitá-lo, ele alcança o estado de iogue e percebe sua unidade com o Ser Universal.

Para conseguir isso, o ser individualizado quer tempo e vida. Para a vida ele precisa de nutriente ou comida. Isso leva à consideração da comida que ele deve selecionar para realizar seu objetivo.

Como já foi dito acima, qualquer alimento que ele possa selecionar para si mesmo precisa vir de um ou outro dos quatro reinos da natureza. Sua vida no plano além de *manas* é sustentada pela força de seu *samskdra*, que se manifesta como *manas* com seus conceitos. Seus conceitos, como foi dito, determinam o limite de sua vida. O universo objetivo, que é o seu campo de ação, torna-se relacionado a ele através de seus conceitos, ou *manas*, diferenciando-se como sensações do corpo *kâmico*, que vibram o *pranamaya kosha* e lançam as células de seu corpo físico na vibração correspondente. Estas sensações, por sua vez, são o meio que o coloca em contato com o universo externo. E elas estão suficientemente organizadas para transmitir, através de suas vibrações, impactos externos à região de *manas* e aos centros conceituais onde a autoconsciência individualizada as conhece.

Ao selecionar o alimento, o principal objetivo da vida do ser humano deve ser sempre mantido em mira, qual seja, a expansão de seu eu pela remoção de suas limitações.

Consideremos primeiro a carne dos seres humanos – evidentemente a mais próxima da vida que necessita ser nutrida. Cada átomo de alimento está vibrando com os conceitos, as sensações e as irritações do ser de quem a comida vem. O ser individualizado que deve ser nutrido requer matéria de vários graus de sutilidade para reabastecer o uso e desgaste que continuamente ocorre em seu corpo físico, no *pranamaya kosha* e nos seus corpos *kâmico* e *manásico*. O antropófago utiliza para sua comida a matéria nessas várias formas que existem no ser humano. Mas, ao mesmo tempo, ele obterá a matéria com certas vibrações organizadas que nela foram impressas durante a vida do ser. O homem que participa da refeição tem, no entanto, que estampar suas próprias impressões sobre ela. Haverá assim um conflito de vibrações nos quatro planos (o *manásico*, o *kamânico*, *prânico* e físico) do ser que usa os seres humanos para sua comida. As potencialidades do alimento que correspondem à matéria *manásica* não podem ser usadas em seu corpo *manásico*, a menos que ele supere as vibrações da comida e consiga estampar as suas próprias nela ou mudar as suas próprias para as da comida. De ambas as maneiras, seu objetivo é derrotado. Ele quer se livrar de seus conceitos para que possa expandir seu eu. Para se livrar deles, ele deve garantir o fluxo fácil deles e, assim, permitir que se esgotem. As vibrações da comida que ele recebe oferecem resistência ao curso de seus conceitos, a garantia de que eles não se submeterão nem vibrarão em harmonia com eles. Parte de sua energia será absorvida, e os seus conceitos podem ter seu curso desimpedidos se ele tiver sucesso em apagar as vibrações na matéria sutil de sua comida. Além do mais, o emprego de tal energia de sua parte fortalece seu apego pelos conceitos dos quais ele almeja se libertar. Seja lembrado que é de matéria *manásica* que ele quer suprir o uso e desgaste, de modo a sustentar sua vida no plano manásico. As impressões de conceitos organizados, os quais vêm estampadas na matéria de sua comida, não são apenas inúteis para ele, mas prejudicam o valor de seu alimento.

Em seguida vem o plano das sensações que, no alimento ingerido, vibra em harmonia com os conceitos do ser de quem a comida vem. Aqui também se apresenta a mesma dificuldade do plano manásico. Há oposição e retardo que derrotam o objetivo de vida do ser. A questão do *pranamaya kosha* e do corpo físico que tal alimento fornece está aberta à mesma objeção.

A matéria mais organizada controla facilmente e, assim, se ajusta à menos organizada. Então, as impressões conceituais na comida são mais objetáveis do que as perceptivas, ou sensações, as últimas mais do que as irritações do *pranamaya kosha*, e estas mais que as vibrações da matéria física das células. A razão é óbvia. Quando o alimento é derivado de algum ser no qual os conceitos não estão despertos, a matéria sutil que entra na composição do corpo *manásico* e que está contida no ser de quem o alimento é derivado vem em seu estado virgem. Enquanto nutre o plano mental, leva o selo dos conceitos do ser nutrido. Não há razão para que não deva.

Assim, a escolha de seres humanos como comida é a que mais frustra o objetivo da vida. Há retardo e oposição e desperdício de energia dos seres nos quatro planos em que ele quer se nutrir.

Vamos considerar, na sequência, a alimentação animal. A matéria *manásica* vem em estado virgem e conforma-se facilmente ao padrão dos conceitos do ser nutrido. Aqui há os centros de sensação que estão firmemente impressionados no corpo kâmico de cada célula do alimento. Se os centros de concepção do ser humano estão desenvolvidos muito fortemente, e o ser superou as sensações vindas do mundo externo e lida apenas com os conceitos, sem deixar-se influenciar pelas sensações, esse alimento não influenciará seus conceitos, que irão forçar o caminho através das vibrações das sensações organizadas na substância alimentar. Mas aqui também o fluxo de sua vida, que consiste no curso de seus conceitos, não será tão fácil e suave como teria sido se seu corpo *kâmico* tivesse sido suprido com matéria pura, que então teria, desde o início, alcançado a vibração de seu corpo *kâmico*, determinado por seus próprios conceitos. Mas a objeção torna-se vital quando o ser não está totalmente morto para as sensações, mas quer ter a harmonia delas, regulá-las de acordo com seus conceitos e até formar novos conceitos a partir delas. Em vez de um fluxo suave de seus conceitos e harmonia no seu corpo sensorial, há discórdia e desarmonia. A matéria impressa com as sensações organizadas do animal, a ser assimilada em seu corpo *kâmico*, deve primeiro ser privada das vibrações nela estampadas, e fazê-la, assim, vibrar em harmonia com suas próprias sensações. Ou, se os centros de sensação do ser não são fortes o suficiente e ele não tenha removido de si próprio a influência delas, essa comida animal irá transmitir impressões próprias para o ser e gerar conceitos semelhantes às delas. Em vez de remover quaisquer conceitos, ele elaborará novos, e estes também são de tal natureza que estimularão e inflamarão as paixões animais em vez de ajudar a expansão do eu individualizado.

No ser humano que ainda está apegado às sensações de seu corpo *kâmico* e que se deixa influenciar por elas, a comida animal fortalecerá o vínculo e o tornará mais um animal do que um ser humano cujo objetivo é sempre buscar a expansão de seu eu. Se ele não está casado com as sensações e, portanto, não é influenciado por elas, isso impede o fluxo suave de sua vida e, na medida em que elas obstruem a vida do ser, impedem-na de cumprir o seu propósito, a saber, a expansão do eu individualizado.

Consideremos a seguir o reino vegetal como fonte de alimento. O vegetal oferece a célula vegetal com o seu *pranamaya kosha* desperto. A matéria adequada ao corpo *kâmico* e ao plano *manásico*, os quais a célula vegetal contém em latência, chega em seu estado puro ao respectivo plano no ser humano, não impressionada com uma única sensação ou conceito. Esta matéria captura as vibrações do ser humano naqueles planos e, então, é assimilada sem o menor esforço.

Note-se que cada átomo ou célula (seja mineral, vegetal, animal ou humana), antes de ser assimilado e passar a nutrir um ser ou uma existência, quebra-se na energia peculiar à matéria dos vários planos, desde o mais sutil ao mais grosseiro, sendo passível de ser transformada nessa matéria. Se o ser, ou a existência, que deve ser nutrido ainda não se desenvolveu num ou mais dos planos, a matéria correspondente a estes planos que a célula nutritiva contém, e que antes de ser utilizada como alimento se reduz à correspondente energia liberada, permanece latente no ser que ela nutre. Isso acontece no crescimento de vegetais que são alimentados com estrume animal ou humano. As partículas de tais adubos têm vibrações mais organizadas, derivadas dos corpos da sensação e *manásicos* daqueles de quem elas procedem, mas enquanto nutrem o vegetal com o tipo de matéria de que necessita, a matéria dos corpos *kâmicos* e *manásicos*, liberada com a energia correspondente, permanece latente na célula vegetal que é manipulada e nutrida, ou talvez nem seja levada para cima. A mesma célula vegetal, animal ou humana, que irá nutrir e fornecer materiais para todos os quatro corpos de um ser humano, irá igualmente nutrir o vegetal ou o animal. A energia liberada correspondente ao plano ausente ficará latente ou permanecerá não utilizada.

Voltando à comida vegetal, ela fornece, como dito acima, matéria virgem para os corpos *kâmicos* e *manásicos* e, enquanto nutre, permite o fluxo suave da vida e, assim, ajuda mais no cumprimento de seu fim.

O *pranamaya kosha* e o corpo físico do ser humano são mais organizados e intensamente vibrantes que no vegetal. A vibração no vegetal certamente não é a mesma que no ser humano. Mas a vibração vegetal, que se mostra como mera irritabilidade, é tão pouco organizada que é muito suscetível a qualquer vibração mais forte, seja ela externa ou interna. Assim, ela se ajusta prontamente à vibração humana mais forte, e sua irritabilidade, se faz alguma coisa, aumenta a energia do *pranamaya kosha* humano, e assim energiza a vida, exatamente o que o ser humano quer, sem exercer qualquer influência em suas sensações ou nos seus conceitos.

Quanto mais desenvolvidos e, portanto, mais organizados os conceitos e as sensações de um ser humano ou de um animal, mais inadequado ele se revela como alimento. Quanto ao vegetal, também, quanto mais distante ele é do animal, e, portanto, mais desprovido de qualquer irritabilidade assentada é o seu *pranamaya kosha*, mais adequado será como alimento.

Abaixo do vegetal vem o reino mineral da natureza. O mineral fornecerá em seu estado virgem a matéria correspondente ao *pranamaya kosha*, os corpos *kâmico* e *manásico*. O mineral é bastante desorganizado. Tão desorganizado que não responde a nenhuma irritabilidade nem permite o livre desempenho da atividade. Precisa ser organizado mais ou menos antes que possa construir uma célula funcional no corpo humano. A matéria mineral existe de modo mais ou menos organizado no vegetal. Ela pode, então, ou ser utilizada como encontrada no vegetal ou, se usada pelo ser humano, através de seu *pranamaya kosha*, trabalhando nas várias funções de seu corpo, que pode organizá-la suficientemente para torná-la apta à assimilação e construção de tecido funcional. A energia do ser que terá que ser gasta no último caso será poupada usando vegetais como alimento.

Entre os minerais também, servirão como alimentos aqueles que, mais ou menos, admitem mudanças e modificações em sua estrutura pela ação de forças externas sobre eles. Nesse caso, os melhores são aqueles que são mais solúveis em alguns sucos do corpo. O sal comum, por exemplo, por sua solubilidade, é assimilável, enquanto uma pedra de granito não nutre nada.

É bem sabido que um certo sal, tal como está organizado no vegetal, é mais facilmente assimilado do que quando tomado em sua forma mineral pura e desorganizada. Isso se deve ao fato de que a exigência que um mineral puro faz sobre o *pranamaya kosha* do ser humano, ao despertar sua irritabilidade latente antes que o sal possa ser assimilado e utilizado na construção do tecido, não acontece quando ele está organizado no vegetal.

Assim, será visto que a comida vegetal é a mais adequada para o ser humano. Dá o máximo de nutrição com o mínimo de esforço e sem frustrar o propósito que a vida que nutre tem que servir. Olhando para seu próprio interesse, portanto, um ser humano deve subsistir de alimentos vegetais.

Os perigos do ocultismo[7]

Por Franz Hartmann
Tradução: Edilson A. Pedrosa

Um excelente artigo sobre *True and False Yoga* (*A Verdadeira e a Falsa Ioga*), escrito por Marie Russak no *Adyar Bulletin* (Boletim de Adyar) de agosto de 1908, chamou fortemente minha atenção outra vez para os resultados desastrosos decorrentes de envolvimento em práticas ocultas sem a compreensão de sua verdadeira natureza. Tenho diante de mim uma longa lista de amigos e conhecidos que nos últimos anos foram vítimas de suas "pesquisas psíquicas", para as quais eles ainda não estavam prontos e em que persistiram apesar de todos os avisos. Alguns deles ficaram loucos, alguns adquiriram doenças incuráveis, outros tornaram-se obcecados e moralmente degradados e não poucos acabaram cometendo suicídio. Não lhes faltavam inteligência ou educação. Pelo contrário, um deles era um importante e bem conhecido cientista e inventor, nobre e generoso; vários foram os escritores ou poetas de algum significado e alguns até mesmo palestrantes teosóficos sobre temas espiritualistas e coisas sobre as quais tinham, no entanto, pouca experiência pessoal e das quais só sabiam por tê-las lido.

H. P. Blavatsky disse algumas vezes que, para obter conhecimento oculto, é preciso primeiro se tornar um "teosofista". Isso não deve ser entendido como se uma pessoa não pudesse alcançar o conhecimento oculto sem primeiro ter registrado

[7] *The Dangers of Occultism*, em *The Theosophist*, outubro de 1909, p. 87. Ver no site: http://www.iapsop.com/archive/materials/theosophist/theosophist_v31_n1_oct_1909.pdf.

seu nome como membro da Sociedade Teosófica ou como se, ao fazê-lo, estivesse imediatamente pronto para receber poderes mágicos; mas significa o que o grande Shankaracharya ensina em seu *Tattwa Bodha*, a saber, que o primeiro requisito para obter-se conhecimento verdadeiro é o discernimento entre o "permanente e o perecível", entre o superior e o inferior, o real e o irreal, o verdadeiro e o falso – distinguir entre o seu eu permanente e a personalidade evanescente à qual esse eu superior está unido durante a sua vida terrestre e astral.

Em outras palavras, temos que perceber o que é espiritual e divino dentro de nós e de tudo mais, antes que as portas do conhecimento oculto profundo possam ser abertas para nós e nos tornemos iniciados nos mistérios divinos da natureza. Devemos ser capazes de elevar nossa consciência a um plano superior, antes que possamos realmente perceber e saber o que pertence a esse plano e evitar as armadilhas e armadilhas que aguardam aqueles que caminham com os olhos fechados nas perigosas imediações do Plano astral.

Mas, com o advento da Sociedade Teosófica e o restabelecimento do movimento teosófico, uma certa quantidade de publicações de ensinamentos ocultos surgiu inevitavelmente. O movimento espiritista já havia preparado o caminho; seus fenômenos causaram desalento entre os estudiosos e atraíram a multidão pouco instruída. Tornou-se necessário divulgar alguns dos segredos que estavam ocultos por muito tempo e explicar algumas das leis misteriosas da natureza, com o propósito de destruir alguns conceitos equivocados que haviam sido originados do estabelecimento da comunicação entre os mortais e o que se supunha serem espíritos imortais dos desaparecidos. Era necessário explicar a natureza de algumas dessas entidades astrais e, assim, lidar com a onda de superstição que parecia invadir o mundo à medida que a onda de materialismo retrocedia e o clericalismo perdia o controle.

Assim, foi inaugurada o que posso chamar de uma nova era de ocultismo e psiquismo como uma questão secundária para o movimento teosófico; fenômenos ocultos, espúrios ou genuínos, atraíram a atenção geral do público. Os ensinamentos ocultos, previstos em princípio apenas para aqueles que se supunha viessem a utilizá-los de modo apropriado, logo se tornaram de domínio público e se espalharam sem serem bem compreendidos. A curiosidade, o grande poder motor da mente humana e o primeiro guia no caminho do conhecimento, foi despertada. Muitos foram os que, tendo sua atenção colocada nas verdades superiores da religião, sentiram-se induzidos a levar uma vida superior por causa dos ensinamentos teosóficos que receberam; mas houve e ainda há muitos que estavam dispostos a se assenhorar de poderes celestiais, somente com o propósito de aplicá-los à satisfação de suas paixões ou desejos egoístas; porque, como o provérbio diz: "Os extremos se tocam, e há apenas um passo do sublime ao vulgar".

Todo grande movimento, quando se torna popular, ultrapassa seus limites, e a devastação começa. A árvore do ocultismo, transbordando de vida, produziu muitas excrescências; o hipnotismo e a sugestão mental apareceram em cena e os seus milagres funcionaram nos dois sentidos; pois, o melhor tipo de remédio para efetuar a cura pode, se mal aplicado, tornar-se também um veneno que mata, e os dois grandes inimigos da humanidade, a estupidez e o egoísmo, estão sempre prontos para aplicar mal os dons que recebem.

Não são poucos os que estão dispostos a comprometer as suas almas com os demônios do inferno se isso puder lhes render a aquisição de poderes infernais. Se a magia se tornasse propriedade da ciência popular, nenhum homem, mulher ou criança estaria seguro em sua vida ou a salvo da obsessão; porque, assim como o vivissecconista fanático não hesitaria em destruir todos os animais da criação com o propósito de apoiar algumas de suas teorias científicas, também o cientista do futuro, sem apoio moral, se tivesse poderes ocultos, não hesitaria em experimentar com as almas dos seres humanos para satisfazer sua curiosidade e ambição de fazer descobertas. Para a maioria da humanidade a ignorância e o ceticismo da maioria das pessoas educadas é atualmente a melhor proteção contra esses males.

Mas não entraremos em um debate sobre a história do crime psicológico ou sua projeção no futuro, mas apenas voltaremos nossa atenção para as consequências da loucura humana e da verdade mal interpretada.

Se você remover parte de um formigueiro, seus habitantes ficarão muito agitados. A luz do sol, brilhando repentinamente em suas passagens subterrâneas, que até então descansavam na escuridão, parece criar uma grande confusão, e você verá que as formigas correm de um lado para o outro em todas as direções sem propósito aparente. Assim, a luz dos ensinamentos teosóficos, popularizado com o advento do movimento teosófico, causou um alvoroço entre aqueles que tinham ficado apartados no sono abençoado do agnosticismo ou estavam desfrutando os sonhos felizes de superstições teológicas. Os ensinamentos dados por H.P. Blavatsky e seus seguidores causaram uma grande impressão na mente das pessoas. Em pouco tempo, surgiram novos movimentos formados por pessoas que se apropriaram de uma parte ou outra desses ensinamentos, que eles entenderam apenas pela metade. Assim, a existência da Sociedade Teosófica deu oportunidade à formação de diferentes outras sociedades e seitas, que em parte, embora de forma deformada, ensinavam as mesmas verdades que a primeira, embora repudiassem a fonte original a partir do qual a sua sabedoria era originada, porque é e sempre será um fato na natureza que o sectarismo fanático está intimamente relacionado à intolerância fanática; agindo com base na máxima: "Não ouse tocar qualquer outro alimento, exceto o que sai da minha cozinha, mesmo que o outro seja da mesma substância e tenha sido cozinhado da mesma maneira."

Algumas dessas sociedades, baseadas em esquema financeiro para ganhar dinheiro, e fingindo ser capaz de empregar poderes divinos em seu serviço e ter a vontade de Deus à sua disposição com o propósito de obter saúde física e benefícios mundanos para seus adeptos, fizeram grande sucesso, porque as multidões sempre se apressarão para o campo onde pensam que foi descoberta uma mina de ouro e onde esperam compartilhá-la; e a persistência de promessas para facilitar a salvação tem sido sempre o poder fundamental de toda instituição clerical. No entanto, não somos contra essas seitas; por mais equivocadas que sejam suas teorias e por mais deplorável que seja a falta de inteligência entre alguns de seus líderes, elas também foram a consequência de nossos tempos, o produto da lei da necessidade (carma – NT), e tiveram que ocupar um certo espaço no progresso da evolução humana e, para alguns de seus guias, pode-se atestar que, apesar de sua ignorância e presunção, eles, afinal, acreditavam no que ensinavam e, portanto, tinham "boas intenções".

E agora vem o tempo de uma colheita gloriosa para vários cavalheiros da indústria, aventureiros, impostores conscientes e vigaristas especulando sobre o conteúdo dos bolsos de pessoas crédulas fingindo serem capazes de ensinar as pessoas, por tantos dólares por pessoa, como conseguirem por si mesmas poderes sobrenaturais.[8] "Sociedades Ocultas" foram formadas com o evidente objetivo de profanar aquilo que é sagrado e criar a subordinação do superior ao inferior. Elas tiveram o sucesso financeiro que normalmente aguarda aqueles que sabem usar a ignorância e a ganância dos outros em seu próprio benefício; mas quantos de seus seguidores enganados foram vítimas de magia negra nunca será conhecido. Essas vítimas não eram pessoas sem instrução; havia alguns deles conhecidos como homens de intelecto superior que acreditavam seriamente serem os aspirantes mais fervorosos da verdade e que tentaram todos os tipos de práticas de ioga com o propósito de "ver o que resultaria disso". O resultado foi a loucura, o enfraquecimento do sistema nervoso, perda de vitalidade e morte. Eu dei a descrição de um desses casos na *Occult Review* (Revista Oculta) de março de 1906. Nenhum fim de fábula, alguns deles engraçados e ridículos, outros trágicos, poderia se igualar às experiências de pessoas que buscam obter poderes ocultos ou mágicos e que caíram nas mãos de destemperados ou charlatães. É absolutamente incrível ver quantas pessoas inteligentes estão dispostas a prometer obediência implícita a ordens que supostamente viriam de alguns superiores desconhecidos, mesmo que essas ordens sejam totalmente absurdas. O truque de "superiores

[8] Até que ponto vai a ingenuidade de algumas pessoas é mostrado, dentre outros numerosos exemplos, pelo fato de um pretenso adepto ter convencido um comerciante na Alemanha a dar-lhe meio milhão de marcos com base na mentira de ele que era uma reencarnação de Jesus Cristo e precisava do dinheiro para estabelecer uma nova religião.

desconhecidos" já era explorado com sucesso no século XVII na ordem dos Illuminati, cujo sistema era baseado em espionagem mútua e supervisão secreta; ela foi organizada de acordo com o modelo das ordens jesuíticas e existiu até se tornar um perigo real para o Estado. Há alguns anos, o envio de cartas espúrias de *mahatmas* estava efetivamente em voga em alguns lugares, e toda sorte de mentira era usada para fazer os buscadores acreditarem que a sabedoria era genuína. Quando eu estava em Hamburgo, uma senhora veio me ver com o que ela dizia ser uma carta de um *mahatma*. Ela me contou que havia sido enviada por alguns membros da sociedade a que pertencia, para me mostrar aquela carta e perguntar minha opinião sobre ela. Era uma carta anônima, contendo algumas frases piedosas comuns e implicitamente exigindo obediência a todas as ordens deixadas pelo escritor, especialmente ordens como o pagamento de dinheiro. Eu respondi que consideraria uma pessoa muito tola a que agisse tão cegamente a ponto de obedecer às ordens contidas em uma carta anônima. A senhora se retirou, mas, em vez de se reportar à minha resposta, ela disse, como eu soube mais tarde, que, assim que olhei para a carta, reconheci imediatamente a chegada de um *mahatma*; que meus olhos estavam nublados com lágrimas de emoção (!) e que eu recomendei a mais estrita obediência. A realidade era que o escritor da carta era o marido da dama, e que ele queria obter o meu apoio para fortalecer a fé de seus seguidores crédulos.

A história da estupidez humana não tem fim; o exército dos crédulos que desejam cometer toda sorte de loucuras é inesgotável, se forem convencidos a acreditar que com isso podem alcançar superioridade sobre o resto da humanidade. Eles estão dispostos a sacrificar tudo, exceto o egoísmo resultante da ilusão do eu.

Mas agora voltemos nossa atenção para outra classe de "escolas ocultas", que são mais perigosas, já que seus guias são invisíveis e pertencem aos habitantes do plano astral. Tal caso foi descrito graficamente por C.W. Leadbeater em um artigo intitulado *A Vision and the Facts behind it* (Uma visão e os fatos por trás dela), contido no Theosophist de abril de 1909.

Aqui eu poderia explicar, por experiência própria, um número de casos em que pessoas bem-intencionadas e inteligentes foram financeira e fisicamente arruinadas por depositarem uma confiança implícita nos ensinamentos e diretrizes de guias "espirituais" invisíveis. Eu escolherei apenas os dois seguintes.

Alguns de nossos leitores devem lembrar que há alguns anos, uma dúzia de estudantes da teosofia, não satisfeitos com o lento progresso que estavam fazendo no campo espiritual, formaram um "círculo íntimo" em Budapeste, no qual eles logo se tornaram testemunhas de fenômenos os mais surpreendentes. Eles tinham materializações, e os fantasmas se apresentavam como os doze apóstolos, e cada "apóstolo" aceitava um destes estudantes como seu discípulo. Tudo aquilo que H. P. Blavatsky e os sábios indianos haviam ensinado em tempos passados foi, então, considerado como disparate por esses apóstolos, e o autossacrifício e ascetismo foram ridicularizados, sendo dadas orientações contrárias que reforçavam o estrito sigilo. Finalmente, o próprio "Jesus Cristo" apareceu em pessoa; eles foram orientados a ir a Madagascar e, sendo parcialmente obcecados por esses espectros, eles estavam realmente lá esperando por "novas ordens". Lá viveram por algum tempo nos pântanos, contrariando todas as leis de higiene, mas logo, um após o outro, foi vítima do clima. Dos doze, sete morreram, e os restantes retornaram, talvez mais sábios, mas certamente mais empobrecidos.

Outro caso é o seguinte, e lamento ter que omitir os nomes por considerações pessoais. Em Hamburgo, me apresentei a uma sociedade de "ocultistas" que contavam entre seus visitantes pessoas de certa distinção. Eles tinham seus "mestres", a que tinham grande veneração, e esses "mestres" produziam seus fenômenos e se comunicavam através da esposa do dono da casa onde o círculo se encontrava. Esta senhora parecia estar em um estado de obsessão crônica, muitas vezes deitada por semanas em semitranse, durante o qual ela declarou que seu próprio espírito estava ausente e os "mestres" haviam se apossado dela. Ocorreram nesta casa os mais notáveis fenômenos: ruídos eram ouvidos, como se as balas de um canhão rolassem no chão de madeira e fizessem as paredes tremerem; luzes que apareciam de noite tão poderosas que fiziam os vizinhos acreditarem que a casa estava em chamas; punhados de areia foram jogados no rosto dos visitantes, fotografias de cenas de pessoas vivas e mortas, elementais e monstros foram fixados em placas sem uso da câmera. Mas o fenômeno mais marcante foi o deslocamento quase instantâneo de pessoas que a vivem longas distâncias e através de paredes e janelas fechadas, como eu descrevi em meu artigo *Magical Metathesis* (A metátese mágica) em Occult Review, de julho de 1906.

O que me surpreendeu ainda mais foi o fato de que esses espíritos pareciam estar bem informados sobre o conteúdo de *A Doutrina Secreta* de Madame Blavatsky e de outros livros sobre teosofia, que aquelas pessoas nunca tinham lido, enquanto, por outro lado, as comunicações recebidas, que eram consideradas muito secretas e sagradas, sendo mostradas apenas aos cuidadosamente escolhidos, continham as maiores extravagâncias, as descrições do "reino de Plutão", as regiões infernais do interior da Terra, e assim por diante. Esses "mestres" não apenas dirigiam o "progresso espiritual" de seus discípulos, mas também os seus assuntos externos, e os discípulos sempre agiam de acordo com as ordens recebidas. O fim foi que o marido daquela senhora, de início inteiramente negligenciado, abandonou finalmente os seus negócios e, mais tarde, também "por ordem dos mestres", vendeu sua casa com um grande sacrifício. A família foi reduzida à pobreza e, despossuídos, acabaram por abandonar sua "investigação oculta".

Todos esses fracassos servem para demonstrar que há um desejo de progresso e evolução espiritual dentro do coração humano, e todos, conscientemente ou inconscientemente, se esforçam para alcançá-lo, independentemente de quão errados os meios e as maneiras que costumam ser adotados para sua consecução. O aspirante do conhecimento oculto sem um guia assemelha-se a uma mosca que cai numa bacia de água e tenta se salvar nadando, ora nesta direção e então naquela outra, mudando frequentemente de rumo mesmo quando se aproxima da borda, para finalmente se afogar.

Mas onde encontrar esse guia? Existem inúmeros "buscadores da verdade" e "estudantes de teosofia" que desejam orientação e continuamente clamam por "mais instruções", nunca pensando em seguir as instruções que já receberam. Estão sempre olhando para coisas externas com a esperança de descobrir o que só pode ser encontrado internamente; sem levar em conta o dito tantas vezes repetido: "A libertação tem que ser encontrada dentro de você."

O primeiro passo no caminho da iniciação é a purificação do coração e da mente, porque a luz da sabedoria divina não pode se manifestar num lugar contaminado com pensamentos impuros e cheios de desejos egoístas. Ninguém jamais deu o segundo passo sem ter dado o primeiro, e todos os esforços para colocar o elevado a serviço do inferior apenas levam à degradação, ao infortúnio e ao mal. Por essa razão, a verdadeira prática do ocultismo consiste no controle dos pensamentos e emoções inferiores, que só podem ser feitos com a ajuda da nossa própria natureza superior; porque só o superior tem poder sobre o inferior; "o eu" não pode salvar "a si mesmo", para esse fim, é necessário adquirir o discernimento de que falamos no início deste artigo entre o que é eterno e verdadeiro, por um lado, e o que é temporário e ilusório, por outro.

Assim, parece que, em vez de correr atrás de falsos "mestres" e pseudoadeptos e ser conduzido, puxado pelo nariz, por impostores e vigaristas deste plano ou do astral, seria melhor cultivar pensamentos elevados e elevar as aspirações altruístas, das quais derivam naturalmente as boas ações. Se a consciência está firmemente estabelecida dessa maneira em um plano superior, o estudante de teosofia estará realmente preparado para receber mais luz; e as grandes almas que cuidam do progresso da humanidade nunca deixarão de ajudar aqueles que mantêm o ideal divino diante de seus olhos e procuram realizá-lo em seus corações.

Paulo, o oponente gnóstico de Pedro – Não um apóstolo do cristianismo histórico[9]

Por Gerald Massey
Tradução: Edilson A. Pedrosa

Gerrald Massey (1828-1907).

Mostrei em palestras anteriores que a questão dos nossos evangelhos canônicos é, em grande parte, mítica, e que a gnose do Antigo Egito foi levada para outras terras pela passagem subterrânea dos mistérios, para finalmente emergir como a lenda *literalizada* do cristianismo histórico.

O Cristo mítico foi tão certamente uma continuação do Egito quanto os tipos míticos do Cristo nas pedras gnósticas e nas catacumbas de Roma! Uma vez que se sinta esse chão firme sob os pés, isso encoraja e nos garante cortar o nó górdio que tem sido tão habilmente complicado para nós nas Epístolas de Paulo. Hoje temos de enfrentar um problema

[9] Título original: ***Paul the Gnostic Opponent of Peter Not an Apostle of Historic Christianity***. Esta obra, publicada em 1900, está em domínio público. Para referências a autoridades, veja-se Natural Genesis do autor. Fonte: https://cdn.website-editor.net/e4d6563c50794969b714ab70457d9761/files/uploaded/Paul-TheGnosticOpponentOfPeter_GMassey.pdf.

que é dos mais difíceis; é meu objetivo provar que Paulo foi o adversário e não o apóstolo do cristianismo histórico. É bem conhecido por todos os estudantes sérios do assunto que havia uma diferenciação original ou um fosso de diferença entre o pregador Paulo e os outros fundadores do cristianismo, aos quais ele conheceu em Jerusalém – quais sejam, Pedro (ou Cefas), Tiago e João. Ele não pensava muito neles pessoalmente, mas zomba um pouco de suas pretensões de serem pilares do Igreja. Esses homens não tinham nada em comum com ele desde o início, e nunca o perdoaram finalmente por sua independência e oposição. Mas a profundidade desse fosso visível não tinha sido ainda compreendida em consequência de falsas suposições; e minhas próprias pesquisas e determinação de procurar e pensar por mim mesmo levou-me à conclusão inevitável de que há apenas uma maneira pela qual ela pode ser reduzida pela primeira vez.

É mais ou menos perceptível também que duas vozes são ouvidas em disputa nas Epístolas de Paulo, para confundir o sentido do escritor e confusão do leitor. Elas proferem doutrinas diferentes, tão opostas fundamentalmente a ponto de serem sempre irreconciliáveis. E essa duplicidade de doutrina faz com que Paulo, que é a única personalidade distinta e de mente singular do Novo Testamento, pareça mais com a maioria dos homens de duas caras; de língua dupla como a serpente. As duas doutrinas são a dos gnósticos, ou do Cristo espiritual, e a do Jesus histórico. Ambas não podem ser verdadeiras para Paulo, e é minha opinião que ambas as vozes não procederam dele pessoalmente.

Sabemos que Paulo e os outros apóstolos não pregaram o mesmo evangelho, e é meu propósito atual mostrar que eles não estabeleceram ou celebraram o mesmo Cristo. Minha tese é que Paulo não era um defensor do sistema conhecido como cristianismo histórico, que foi fundado na crença no Cristo encarnado; uma suposição de que o Cristo havia sido feito carne; mas que ele foi seu adversário mortal e incessante durante sua vida e que, depois de sua morte, seus escritos foram adulterados, interpolados e refeitos doutrinariamente por seus antigos inimigos, os falsários e falsificadores que primeiro começaram a tecer a teia do papado em Roma. Dessa forma, foi adicionado um quarto pilar ou pedra angular aos três originais, que se tornou o principal suporte de toda a estrutura, o fundamento mais firme da fé falaciosa.

O feito supremo, realizado em segredo pelos administradores dos mistérios de Roma, foi essa transformação das epístolas de Paulo no principal apoio do cristianismo histórico! Foi o verdadeiro pivô em que a impostura total se transformou! Em sua vida, ele havia lutado com unhas e dentes, com língua e pena, contra os homens que fundaram a fé do Cristo feito carne, e amaldiçoou eternamente todos os descrentes; e depois de sua morte, eles edificaram a Igreja dos *sarkolatræ*[10] acima de seu túmulo, e por dezoito séculos têm afirmado, com uma garantia forjada, que ele era o primeiro e mais importante dentre os fundadores. Eles habilmente obstruíram o curso natural do rio que fluía de sua própria fonte independente nas Epístolas de Paulo, e transformaram suas águas em seu próprio canal artificial, de modo que a força viva de Paulo devesse flutuar ao redor de Pedro. No entanto, aqueles que se importam em olhar de perto verão que as duas águas, como as do Rio Ródano, não se misturam numa só cor! E parece-me que, se Paulo estava louco ou não nesta vida, esse tratamento tão duro dado aos seus escritos seria ruim o suficiente para levá-lo ao desespero na próxima, e deixá-lo louco até que o erro seja corrigido.

É suposição universal que Paulo, o perseguidor dos primeiros cristãos, foi convertido por uma visão de Jesus ressuscitado, que provou sua natureza e identidade histórica aparecendo a Paulo em pessoa. Assim isso está registrado nos Atos dos Apóstolos. O relato, no entanto, é inteiramente oposto ao que é dado pelo próprio Paulo em sua Epístola aos Gálatas. Ele conta como ocorreu a mudança, que tem sido chamada de conversão. Foi por revelação do Cristo interior, mas não por uma visão objetiva de um Jesus pessoal, que demonstrou no mundo espiritual a realidade e a identidade de um Jesus histórico de Nazaré que vivera recentemente na Terra. Uma ver-

[10] Em diversos outros trabalhos do autor, ele define *sarkolatræ* como sendo os adoradores da palavra (ou verbo) feita carne sob a forma histórica de uma personalidade, são eles os *carnalizadores* do Cristo gnóstico egípcio. (NT).

são como essa é rigorosamente impossível, de acordo com as próprias palavras de Paulo. Seu relato do assunto é totalmente antipodal. Ele recebeu sua incumbência de pregar o Cristo, como ele declara, "quando o beneplácito de Deus permitiu revelar seu Filho em mim", e portanto não por uma aparição do Jesus de Nazaré externo! Seu Cristo interior não era o corpo de Cristo da crença cristã, mas o Cristo da gnose. Ele não ouviu nenhuma voz fora de a si mesmo que poderia ser convertida na voz audível de um Jesus histórico; e nada pode ser mais instrutivo, para começar, do que um estudo comparativo dessas duas versões, para mostrar como o assunto tem sido manipulado e os fatos pervertidos com o propósito de estabelecer ou apoiar uma história ortodoxa. O que ele ouviu quando capturado pelo espírito, ele nos diz que foi indescritível; palavras que não é lícito ao homem proferir! Ele não faz menção de um Jesus de Nazaré. De fato, Jesus de Nazaré é desconhecido por Paulo! Seu nome nunca aparece nas Epístolas; e o significado do fato em favor da visão atual dificilmente pode ser exagerado. Da mesma forma, Jesus de Nazaré não aparece no Evangelho de Marcion; ou, como foi apresentado por alguns dos padres cristãos, Marcion havia removido o nome de Jesus de Nazaré de seu Evangelho particular – sendo um herege tão virulento! Aqui encontramos Paulo de acordo com Marcion, o rejeitador gnóstico de Jesus de Nazaré e do cristianismo histórico. Além disso, Paulo foi o único apóstolo do verdadeiro Cristo que foi reconhecido por Marcion. Agora, como Marcion rejeitou a natureza humana do Cristo, e deixou a seita que finalmente se tornou a igreja do cristianismo histórico, é impossível que ele possa ter adotado ou sustentado o evangelho de Paulo tal como chegou até nós em nossa versão das Epístolas. Assim, Irineu reclama que Marcion desmembrou as Epístolas de Paulo e removeu as passagens dos escritos proféticos que tinham sido citados para nos ensinar que eles anunciavam de antemão a vinda do Senhor! Isto é, Marcion, o homem que conheceu, reconheceu seu companheiro gnóstico em Paulo, mas rejeitou as *literalizações* e as doutrinas espúrias que haviam sido sub-repticiamente interpoladas pelos fundadores, que eram os falsificadores, do cristianismo histórico. Além disso, quanto aos marcionitas, Irineu diz que eles alegam que somente Paulo, de todos os instrutores cristãos, conhecia a verdade; e que para ele o mistério foi manifestado por revelação. Eles falavam como gnósticos de um gnóstico. Ao mesmo tempo, como Irineu nos diz, os gnósticos, dos quais Marcion era um, acusaram os outros apóstolos de hipocrisia, porque eles "ajustavam sua doutrina de acordo com a capacidade de seus ouvintes, fabulando coisas cegas para cegos de acordo com sua cegueira; para o monótono, de acordo com a sua apatia; para aqueles em erro, de acordo com os seus erros."

A conversão de Paulo, de acordo com os Atos, supostamente ocorreu depois do ano 30 d.C., no mínimo; e, ainda assim, se aceitarmos os dados fornecidos pelo livro de Atos e pela Epístola de Paulo aos Gálatas, ele deve ter se convertido já no ano 27, porquanto Paulo declara que depois de sua conversão não subiu a Jerusalém por três anos. Então, depois de mais de 14 anos, subiu novamente a Jerusalém com Barnabé. Essa segunda visita pode ser datada por meio da fome, que é histórica, e conhecida por ter ocorrido no ano de 44, momento em que foi levado alívio aos irmãos da Judéia por Barnabé e Paulo. Se diminuirmos 17 anos a partir de 44, as diferentes declarações vão mostrar que Paulo havia se convertido já no ano 27. Assim, de acordo com as datas e os dados derivados dos Atos, da epístola de Paulo e o fato histórico da fome, Paulo foi convertido ao cristianismo no ano 27 da nossa era! Isto não poderia ter sido por uma manifestação espiritual do suposto Jesus pessoal, que não estava morto e não havia ainda, naquela época, ressuscitado como o Cristo da história canônica. Isso é geralmente visto (por Renan, por exemplo) como um absurdo que não permite dar crédito aos Atos. Pelo contrário, e apesar de tudo o que foi dito por aqueles cujo trabalho é colocar um fundo falso no desconhecido, eu estou à vontade para sustentar que nada impede que isso seja uma possibilidade e um fato, se não fosse a suposição de que é uma impossibilidade. Você não pode datar um evento por outro que nunca ocorreu, ou, se ocorreu, não está registrado por Paulo, especialmente quando seu próprio relato oferece evidência negativa de sua não ocorrência. Apenas usando palavras claras, diz-se que os conspiradores dos Atos falsificam sempre que lhes é conveniente e dizem a verdade quando eles não podem ajudá-la! No relato de sua conversão pelo próprio Paulo, ele continua: "Imediatamente, não me associei com carne e sangue; nem subi a Jerusalém para os que eram apóstolos antes de mim; mas parti para a Arábia."[11]

Paulo não procurou saber nada sobre o Jesus pessoal de Nazaré, sua vida, seus milagres, sua crucificação, ressurreição e ascensão; não tinha ansiedade em ouvir qualquer coisa, seja de testemunhas vivas ou parentes, sobre a natureza humana desse ser divino que teria supostamente lhe aparecido em pessoa; mudou completamente a corrente de sua vida e transformou seu caráter; nenhum desejo de confirmar a obra histórica ou possível realidade do Jesus de sua alegada visão! Quando ele subiu a Jerusalém, três anos depois, e novamente em catorze anos, ele não aprendeu positivamente nada com aqueles que deveriam ter sido capazes de ensiná-lo e dizer-lhe todas as coisas sobre assuntos de importância vital (para o cristianismo histórico), sobre os quais ele deveria ter estado o mais muito desejoso de saber, mas que não apresentou nenhum desejo manifesto de saber. Ele viu Tiago, Pedro e João, que eram os pilares da igreja e pessoas de renome, mas o que quer que fossem, não importava para ele; eles nada lhe deram. Ele diz que essas pessoas respeitáveis, estes pilares, que pareciam ter alguma coisa, nada lhe comunicaram; pelo contrário, era ele que tinha um evangelho próprio, que não recebeu de nenhum homem, para comunicar-lhes! Ele veio para trazer-lhes a gnose. Eles, em particular, estenderam-lhes a mão fraternamente e ofereceram-se para reconhecê-lo se ele mantivesse fora do caminho deles o outro evangelho: vá para os gentios (ou vá para o inferno) e deixe-nos em paz. Houve um compromisso e, portanto, algo a comprometer-se, embora não no relato de Paulo; mas o único ponto de acordo genuíno entre eles era que concordaram em diferir! Ao comparar notas, ele descobriu que eles estavam pregando praticamente um outro evangelho e outro Jesus. Sabemos o que foi o evangelho deles porque chegou até nós nas doutrinas e dogmas

[11] Gálatas 1:16-17 tradução do original da versão King James. (NT).

do cristianismo histórico. Foi o evangelho dos *literalizadores* da mitologia; o evangelho do Cristo feito carne para salvar a humanidade de uma queda impossível; o evangelho da salvação pelo sangue expiatório de Cristo; o evangelho que faria desta vida um inferno, com o propósito de ganhar o paraíso no futuro; o evangelho da carne e da matéria, incluindo a ressurreição corpórea e o fim imediato do mundo; o evangelho que não tem outro mundo, exceto no final deste. Deles era aquele outro evangelho com suas doutrinas de ilusão, contra as quais Paulo travava guerra contínua. Pois, outro Jesus, outro espírito, e outro evangelho estavam sendo pregados por esses apóstolos preeminentes que eram os opositores de Paulo. Ele adverte os coríntios contra aqueles "apóstolos preeminentes", a quem ele chama de falsos profetas, obreiros fraudulentos e ministros de Satanás, que vieram entre eles para pregar "outro Jesus", a quem ele não pregou, e um evangelho diferente daquele que eles tinham recebido dele. Para os gálatas ele diz: "Se alguém vos anunciar outro evangelho além do que já recebestes, seja condenado;" ou que seja anátema. Ele os repreende: "Ó, tolos, gálatas, quem vos enfeitiçou? Sois assim insensatos que, tendo começado no espírito, estejais agora aperfeiçoados na carne?"

Isto é, no evangelho do Cristo feito carne, o evangelho daqueles que estavam em inimizade com ele, que seguiram em sua trilha como Satanás, semeando o joio de noite para sufocar a semente do evangelho espiritual que Paulo havia semeado tão dolorosamente e que, como ele sugere aos tessalonicenses, eram perfeitamente capazes de forjar epístolas em seu nome para enganar os seus seguidores. Nunca foi demonstrado quão fundamental fora essa disputa entre Paulo e os falsificadores da fé carnal, porque os fatos reais não haviam sido enfrentados ou compreendidos levando-se em conta crenças totalmente diferentes, os eternamente irreconciliáveis evangelhos dos gnósticos, ou do Cristo espiritual, e o do Cristo feito carne, que deveria ser apresentado como o salvador da humanidade, de acordo com o cristianismo histórico. Seria impossível que Paulo e Pedro pudessem trabalhar em conjunto ou seguir o mesmo caminho; os diferentes fundamentos de sua fé distanciavam-se, no princípio, de um polo a outro. Ele diz:

> Faço-vos, porém, saber, irmãos, que o evangelho por mim anunciado não é segundo o homem, porque eu não o recebi nem o aprendi de nenhum homem nem fui ensinado nele, a não ser pela revelação do Cristo revelado internamente.[12]

Ele não extraiu seus fatos da história nem o seu evangelho dos apóstolos; ele não foi ensinado pelo homem num livro. Ele derivou seu evangelho da revelação pessoal direta do Cristo interior. Em suma, o seu Cristo não foi aquele Jesus de Nazaré a quem ele nunca mencionou e a quem os outros pregavam. E quem pode tem sido? Certamente foi Joshua Ben Pandira, o nazareno.

Do ponto de vista atual, não há dificuldade doutrinária, mesmo sobre Paulo ser o escritor da Epístola aos Hebreus. Eu não preciso convocar outro autor aqui mais do que em outro lugar. O duplo trato dos interpoladores e falsários seria suficiente para explicar toda a diferença e a dificuldade. Aqueles que teriam ou que tinham forjado epístolas em nome dele, não teriam escrúpulos em introduzir doutrinas nos seus escritos quando tivessem a chance; e se esta epístola não é de Paulo, então sua autoria foi forjada. Agora, nesta epístola, o Cristo não é histórico, ele é o Cristo kroniano,[13] o manifestador do mítico, que é a profecia astronômica, durante éons; ele é segundo a ordem de Melquisedeque, que era "sem pai, sem mãe, sem genealogia, não tendo princípio de dias nem fim de vida".

Este era o sempre-vindo que não poderia se tornar um personagem humano; e por essa razão, eu aceito, Paulo repudia as genealogias de Cristo. Ao aconselhar Tito a não prestar atenção às "fábulas judaicas", ele diz a ele que "evite questionamentos e genealogias insensatas". Ele aconselha Timóteo a advertir seus seguidores para não darem ouvidos a "fábulas e genealogias sem fim", como, por exemplo, encontramos agora nos evangelhos canônicos de Mateus e Lucas. Estas não poderiam ter aplicação ao Cristo da gnose, daí sua ausência no Evange-

[12] Gálatas 1:10-11 na versão King James. (NT).

[13] O Cristo kroniano ("Christ Kronian") é o messias mítico dos evangelhos canônicos. (NT)

lho Segundo João. A genealogia humana não poderia indicar o modo gnóstico da divina descendência, não poderia autenticar a "Verbo" de João, ou Filo, nem o Cristo de Marcos ou de Paulo; consequentemente, aprendemos que Marcos, o gnóstico, eliminou as genealogias do evangelho de Lucas e tudo o que foi escrito a respeito da geração do Senhor. O doceta que rejeitou a humanidade de Cristo tinha, como Epifânio o expressa: "Cortado as genealogias no evangelho posterior de Mateus." Tatian, o discípulo de Justino, que é chamado de "apóstolo da igreja ", também eliminou as genealogias que se destinavam a provar a descendência humana do Cristo, ele que tinha aceito uma vez o evangelho do Cristo feito carne, porém o rejeitou quando aprendeu a conhecê-lo melhor. Isso eles fizeram porque o seu Cristo era espiritual, não um Jesus histórico; e a mesma razão é válida como uma explicação para Paulo. Ele repudiou as vãs genealogias empregadas em vão por aqueles que procuravam estabelecer uma linha humana de descendência para o Cristo, porque ele rejeitou o Jesus de carne e osso que foi pregado pelos defensores do cristianismo histórico. Sendo assim, segue-se que a passagem de abertura da Epístola aos Romanos, que agora se parece com a primeira declaração de Paulo para todo o mundo, começa a narrativa das interpolações, e assim aparece no lugar certo, pois está quase sozinha nos escritos de Paulo, com o seu reconhecimento franco ou forçado da humanidade de Jesus, admitindo o Verbo feito carne vindo da semente de Davi. Mas o Cristo de Paulo não poderia ter sido, ao mesmo tempo, "sem genealogia" e ainda ser da semente de Abraão ou Davi. Isso seria uma reversão completa de seu ensinamento, que, ao rejeitar as genealogias, já havia repudiado a descendência de Davi. Além disso, Barnabé, o amigo mais íntimo de Paulo e seu colega instrutor, que, como um gnóstico, negou a natureza humana do Cristo e, como Paulo, falou desrespeitosamente dos outros apóstolos, – Barnabé assegura-nos que estava de acordo quanto ao erro dos ímpios de chamar Cristo de Filho de Davi. Paulo também nos diz que nenhum "homem pode dizer que Jesus é o Senhor senão pelo Espírito Santo" (1 Coríntios 12:3) e, portanto, não através dos fatos de uma história externa, ou pedigree humano.

O Cristo da gnose não estava ligado a lugar mais do que à personalidade ou linha de descendência humana. Seu único local de nascimento era a mente do homem. Consequentemente, em seu evangelho, Marcion, que era um cristão gnóstico, não conecta seu Cristo com Nazaré. Seu Cristo não é Jesus de Nazaré. E essa mensagem da gnose está patente nos escritos de Paulo. Em lugar algum, seu Cristo é chamado Jesus de Nazaré, nem ele nasceu em Belém nem da Virgem Maria nem de Maria, a esposa de Cléopas, que não era a Virgem.[14] É claro que tanto um Jesus histórico poderia se tornar o Cristo, como Salvador do mundo, como não poderia; e, como o mundo nunca esteve perdido em nenhum sentido como os incultos derivaram de uma fábula mal interpretada, por que ele não pôde, e como ele não pôde, então ele não o fez, e Paulo, que era um adepto nos mistérios, um mestre da sabedoria oculta, jamais poderia ter confundido a fábula com um fato sobre o qual iria construir seu sistema de cristologia; nem ele o poderia aceitar dos outros. Quando temos a pista gnóstica sobre a sabedoria oculta, encontramos um argumento universal dos gnósticos sobre os seus princípios. Onde quer que os encontremos, eles nos dão a força maçônica; e pelo mesmo sinal sabemos que Paulo era um gnóstico. Isso está ainda corroborado por sua própria afirmação de ter sido um adepto, um sábio mestre construtor, alguém que falou de sabedoria entre os perfeitos. Ele era um gnóstico do grau supremo, e todos os gnósticos concordam que o Cristo da gnose não poderia se fazer carne e, portanto, todos são e devem se opor ao cristianismo histórico, inclusive Paulo. Foi como um gnóstico, um sábio mestre-construtor, que Paulo lançou as fundações sobre as quais outros construíram; e a superestrutura que eles edificaram se tornou a Igreja do cristianismo histórico. Os gnósticos eram cristãos num sentido esotérico, mas não porque descrevessem uma história humana esotericamente. Não havia história

[14] "Se dermos uma olhada à etimologia do seu nome, descobrimos que Cléopas e Alfeu são a transcrição e a pronúncia do mesmo nome hebraico Halphai, ou dois nomes usados pela mesma pessoa. Presume-se por isso que Cléopas-Alfeu seja o pai de Tiago, o Menor, e José, irmãos, isto é, primos do Senhor. No evangelho de João, Maria, mãe de Tiago e José, é chamada esposa de Cléopas, e irmã, em sentido mais ou menos próprio, da Mãe de Jesus". Extraído do livro *Um santo para cada dia*, de Mario Sgarbossa e Luigi Giovannini.

para explicar até que o mito se tornou exotérico por aqueles que eram ignorantes, ou que astuciosamente converteram a gnose em história. Foi o trabalho de Pedro para tornar os mistérios exotéricos em uma história humana. Foi o trabalho de Paulo impedir que isso fosse efetivado explicando a gnose. Sugestões disso aparecem nas epístolas quando ele fala de seu evangelho e da revelação de seu mistério a respeito do Cristo, advertindo seus discípulos contra a pregação daquele "outro evangelho" e "outro Jesus", que se opõem ao seu próprio ensinamento. Como quando ele diz a Timóteo para se "lembrar de Jesus Cristo de acordo com o meu evangelho",[15] e diz aos romanos,[16] "vos confirmar segundo o meu evangelho"; este era o evangelho da gnose que ele havia lhes trazido.

Em seu trabalho, também podemos observar os interpoladores de seus escritos. A adulteração do texto das epístolas de Paulo está ainda evidenciada por uma comparação das várias recensões, já que as notas marginais na versão revisada ainda são suficientes para mostrar; e, se isso permanece tão palpável na última transcrição, o que deve ter sido na mais antiga e próxima do original do autor? Em alguns casos, em vez de uma junção perfeita, há um abismo de diferença doutrinária, profunda demais para os próprios interpoladores. Há uma mistura ridícula do Jesus histórico e do Cristo espiritual na Primeira Epístola de Paulo a Timóteo, onde Cristo Jesus é mencionado como "aquele que, diante de Pôncio Pilatos, fez a boa confissão";[17] e meia dúzia de linhas mais tarde, o Jesus de Paulo é o "senhor dos senhores que habita em luz inacessível, a quem nenhum homem viu nem pode ver."[18]

Esse é o Cristo da gnose que não pôde se tornar carne para ficar na presença de Pôncio Pilatos. De novo, Paulo fala como um espiritualista da nossa transformação na morte e na continuidade da consciência, quando diz: "Eis que vos digo um mistério, nem todos dormiremos, mas todos seremos transformados num momento, num piscar de olhos um olho."[19]

[15] 2 Timóteo 2:8 (NT).
[16] Romanos 16:25 (NT).
[17] 1 Timóteo 6:13 (NT).
[18] 1 Timóteo 6:16 (NT).
[19] 1 Coríntios 15:51-52 (NT).

Esse era o mistério da gnose e da transformação revelada pelos fenômenos espirituais. Mas, a seguir, vem a doutrina interpolada da ressurreição no último dia: "Pois a trombeta soará e os mortos ressuscitarão."[20] O que, para Paulo, era fisicamente impossível. Estas doutrinas são tão opostas quanto sim e não ou dia e noite. Mais uma vez, sabemos com quanta ênfase Paulo insistia na originalidade de seu evangelho. Era dele mesmo, recebido pessoalmente por revelação. Ele nada derivou dos supostos apóstolos de um Jesus histórico; eles nada lhe deram, e ele nada recebeu de homem algum. No entanto, diante dessa evidência fatal, o escritor da Epístola aos Hebreus, que é atribuída a Paulo, é levado a dizer que a "a salvação, tendo sido anunciada inicialmente pelo Senhor, foi-nos depois confirmada pelos que a ouviram!"[21]

Na sua Epístola aos Coríntios, ele é levado a declarar que antes de tudo lhes entregara aquilo que ele havia recebido (não por revelação subjetiva, mas de acordo com a história de fontes externas), "que Cristo morreu pelos nossos pecados, segundo as escrituras, e que foi sepultado e apareceu a Pedro e, depois, aos doze. Depois foi visto por mais de quinhentos irmãos de só uma vez [isso é empilhamento!] então foi visto por Tiago, mais tarde, por todos os apóstolos e, afinal, foi visto também por mim, como um nascido fora do tempo, pois eu sou o menor dos apóstolos, que mesmo não sou digno de ser chamado apóstolo."[22]

Mas Tiago e Pedro foram aqueles que ele viu em Jerusalém e que, como ele expressamente nos diz, não lhe transmitiram nada! A passagem desmente o que Paulo disse em outra parte e está em conflito com tudo o que ele era! Longe de se rebaixar dessa maneira, ele afirma na mesma epístola: "Em nada fui inferior a esses eminentes apóstolos"[23] – portanto ele não estava atrasado no tempo! "Deixe-me falar com orgulho!", essa era sua atitude quando ele se comparou a Pedro, Tiago e João. E se Paulo alguma vez chamou a si mesmo de aborto (a verdadeira interpretação do sentido),[24] podemos

[20] 1 Coríntios 15:52 (NT).
[21] Hebreus 2:3 (NT).
[22] 1 Coríntios 15:3-9 (NT).
[23] 2 Coríntios 12:11 (NT).
[24] A palavra "aborto" aqui referida tem conotação com a expressão "como um

ter certeza de que ele não usou essa imagem daquilo que é prematuro para representar o atraso de seu nascimento como apóstolo. Não se aplica ao caso. Os gnósticos nos dizem o que ele quis dizer. Somente eles poderiam entender a alusão, que leva consigo o Cristo da gnose. O Cristo aparece a Paulo, como a um aborto, assim como Hórus, o Cristo, aparece a Sophia (ou Achamoth), quando ela abandonou desesperadamente o pleroma como um aborto amorfo, e o Cristo veio e estendeu-se transversalmente em forma de cruz e deu a ela forma fluida de substância! Aqui a doutrina gnóstica envolve o Cristo da gnose e não o da história humana. Paulo aplica a imagem a si mesmo. Se tais afirmações fossem verdadeiras, Paulo deveria ter sido ensinado por homens. Tais afirmações eram as de que ele recebera suas informações das escrituras (quaisquer que fossem elas!) e não que as teria recebido em sua revelação insólita do Cristo, que veio de dentro, como ele declara. Desta forma, torna-se evidente como os escritos de Paulo foram transformados em ortodoxos pelos homens que pregavam outro evangelho que não o dele; com quem ele esteve em guerra durante a sua vida, e que se vingaram amargamente dele em seus escritos por supressão e adição, depois que ele estava morto e desaparecido.

Se a continuidade é um fato natural, como era considerada pelos gnósticos (e Paulo era um gnóstico!) e é confirmada por todos os espiritualistas (e Paulo era um espiritualista!), nós viveremos por uma lei da natureza, não por algum malabarismo com a lei natural, chamado milagre, realizado uma vez! O primogênito dos mortos não poderia ter esperado para a ressurreição até o *Anno Domini*; nem poderia nossa continuidade espiritual ter sido demonstrada nesse ou em qualquer período anterior por uma ressurreição física, como constitui a base da fé cristã! A doutrina enunciada por Paulo era egípcia, caldaica, cabalista e gnóstica e, como tal, pode ser explicada.

No ritual, a alma que se ergue novamente dos mortos exulta e exclama, "Eu sou a única que sai do corpo!", ou seja, como a alma suprema de todos os sete; a única representante do pleroma de poderes, ou como Paulo considera, "o primo-

nascido fora do tempo", isto é, um aborto, vista no parágrafo anterior, que se encontra em 1 Cor 15:8. (NT).

gênito de muitos irmãos;" o primogênito dos mortos, porque o único que alcançou a imortalidade, como o homem espiritual, ou o Cristo, chamado o segundo Adão por Paulo; aquele homem celestial referido por Philo quando diz: "há o homem cujo nome é Leste. Uma denominação estranha se tivesse sido destinada a falar de um homem composto de corpo e alma. Mas se for o homem incorpóreo, que compreende em si a ideia divina, deve-se admitir que Leste é o nome que mais lhe convém;" ou seja, o homem reorientado na ressurreição, ou que está ressurgindo. É a mesma tipologia gnóstica empregada por Paulo quando fala de "edificação do corpo de Cristo; até que todos cheguemos à unidade da fé e do conhecimento (ou gnosis) do filho de Deus; à perfeita varonilidade; à medida da estatura da plenitude de Cristo."[25] Sendo a plenitude do Cristo o pleroma egípcio, budista e gnóstico de todos os sete precedentes poderes que culminaram no cristianismo.

Um título do Cristo gnóstico é "Todas as Coisas". Ele é chamado *Totum*, ou "Todas as Coisas". Nada menos do que a gnose pode nos dizer por quê. O mundo cristão é sem a gnose e, portanto, sem os meios para entender Paulo! Sobre a formação, ou criação do Cristo gnóstico, no caráter de "Todos as Coisas", ou *Totum*, nos é dito que "Todo o pleroma dos *aeons*, com uma concepção e desejo, reuniu o que cada um tinha em si mesmo da maior beleza e preciosidade e, unindo todas essas contribuições de modo a misturar habilmente o todo, eles produziram um ser da mais perfeita beleza, o próprio Cristo Salvador".

Este "Todas as Coisas", que era a flor consumada da plenitude, ou pleroma, dos sete poderes anteriores, é o Cristo de Paulo, que, ele próprio, é "Todas as Coisas", porque "nele estão todas as coisas" e em "todas as coisas" ele tem a preeminência. "Todas as coisas são resumidas em Cristo" (Efésios 1:10). "Dele, e por meio dele, e para ele são todas as coisas" (Romanos 11:36). "Nele reside toda a plenitude da divindade corporalmente" (Colossenses 2:9).

Aquele é como o *Totum* gnóstico – o Todo – o Cristo – a alma eterna, ou espírito, em "quem todos os tesouros da

[25] Efésios 4:12-13 (NT).

sabedoria e do conhecimento" estão ocultos![26] Ele adverte seus seguidores contra um falso mestre, a quem ele conhece pessoalmente, e pode nomear, e cujo ensino é conforme à "tradição dos homens, conforme à tradição do mundo, e não segundo o Cristo"[27] do pleroma. O Cristo gnóstico também era chamado Eudocetos, porque todo o pleroma da divindade estava satisfeito com ele como glorificador do Pai. Este é o Cristo de Paulo, em quem toda a plenitude (pleroma) teve o prazer de habitar. O texto da epístola de Paulo aos colossenses poderia ser "pois toda a plenitude estava satisfeita em habitar nele".[28] Não há nem "Deus" nem "Pai" no caso. É todo o pleroma de poder gnóstico que compõe a alma imortal, ou chegou à flor consumada da alma no homem, e à divindade em Cristo, como soma total dos poderes. A antiga gnose vem em primeiro lugar. Paulo repete isso; e temos então uma adaptação para a história do evangelho posterior, na qual ouvimos a voz do Pai no céu dizendo: "Este é o meu amado Filho em quem me comprazo."[29] Os gnósticos não derivaram seu conhecimento da história mais do que fez Paulo e, portanto, segue-se que a história foi derivada de uma adaptação da gnose.

Os fundadores do cristianismo histórico ensinaram e aplicaram a doutrina segundo a qual o seu Jesus, o Cristo, havia ressuscitado dos mortos, corpo, ossos e tudo, e que ele demonstrou o fato a seus seguidores quando declarou que não era um espírito! A ressurreição, portanto, foi física desde o início! Em uma confissão encontrada no Credo Apostólico, no ano 600, o convertido tem que dizer "eu acredito na ressurreição da carne"; e no dia seguinte o Cônego Gregório declarou na Catedral de São Paulo que, se você tirasse a ressurreição física de Jesus, o único fundamento de sua vida espiritual desapareceria! Se o Cristo não se elevasse corporalmente de seu túmulo, então esse túmulo seria o túmulo do cristianismo. Mas a doutrina de Paulo da ressurreição é totalmente oposta a essa doutrina fundamental do credo cristão: a ressurreição do corpo. Ele não espera se levantar corporalmente por cau-

[26] Colossenses 2:3 (NT).
[27] Colossenses 2:8 (NT).
[28] Colossenses 1:19 (NT).
[29] Lucas 3:22 (NT).

sa de qualquer ressurreição física do Cristo. Sua doutrina é a dos gnósticos e, consequentemente, identificável pelo processo comparativo. Também se opõe inteiramente àquilo que foi proclamado por seus contemporâneos, Himeneu e Fileto, os quais haviam subvertido a fé de alguns na doutrina pregada por Paulo e ensinavam que a ressurreição já havia passado. Paulo diz que "eles estão errados" e "a linguagem deles corrói como gangrena".[30] Agora, a única maneira pela qual a ressurreição poderia ser considerada como já passada continua a mesma da de hoje, ou seja, como sendo a ressurreição de uma vez por todas de um salvador pessoal e histórico que, lá e então, ressurgiu dos mortos pela primeira vez e instituiu a ressurreição. A ressurreição de Paulo dos mortos não estava assegurada por nenhum meio milagroso, não natural ou impossível! Pelo contrário, em uma passagem que mostra uma clivagem no contexto, ele suspira uma aspiração, desta maneira: "se, de algum modo, eu puder alcançar a ressurreição dentre os mortos".[31] Portanto, não os meios estabelecidos pelo cristianismo histórico – e ele continua: "Não que eu o tenha já atingido ou já tenha obtido a perfeição, mas prossigo".[32]

Novamente, isso é pura doutrina gnóstica. Os perfeitos eram aqueles que alcançavam a oitava, ou a altura da realização, num sentido que só pode ser entendido pela gnose. Era seu esforço para alcançar a cristandade da gnose, a qual a continuidade na morte dependia de um vislumbre como o que tivera numa visão invulgar. Esse tipo de trabalho pela própria salvação e para ganhar a vida eterna nesta vida é absolutamente contrário à doutrina cristã da expiação! A antiga doutrina judaica da expiação pelo sangue, continuada no cristianismo histórico, é provavelmente impossível para um gnóstico e espiritualista como Paulo. Mas essa foi a doutrina promulgada por aqueles que pregaram esse "outro evangelho" que ele repudiou. Deduzo, por isso, que textos como esses são parte da matéria interpolada: "Sem derramamento de sangue não há remissão de pecados" (Hebreus 1:22); "Tendo feito a paz através do sangue da sua cruz" (Colossenses 1:20); "Em

[30] 2 Timóteo 2:17 (NT).
[31] Filipenses 3:11 (NT).
[32] Filipenses 3:12 (NT).

quem temos a nossa redenção pelo seu sangue" (Efésios 1:7).

Sendo essa doutrina impossível para o gnóstico, considero que esses textos foram atribuídos falsamente a Paulo. As duas doutrinas não podem coexistir em uma mente, ou sistema de pensamento; e temos que averiguar qual das duas é a genuína doutrina paulina antes de podermos determinar a natureza de sua cristologia. Mais uma vez ele diz: "Portanto, deixemos de falar dos primeiros princípios de Cristo e seguiremos rumo à perfeição, não lançando novamente o fundamento do arrependimento das obras mortas e da fé para Deus, do ensino dos batismos e da imposição de mãos, ressurreição dos mortos e do juízo eterno, e isso faremos!"[33]

Aqui encontramos um completo repúdio por parte de Paulo de certas doutrinas cardinais do cristianismo histórico atribuídas a ele em outras partes! Estas são chamados primeiros princípios, ou aqueles pertencentes a uma interpretação exotérica ou exterior da gnose, que é vista como uma heresia perniciosa e mortal. Elas faziam parte daqueles "rudimentos miseráveis" que mantinham os homens em escravidão ao evangelho petrino da carne. Paulo positivamente repudia, e mais claramente nega, a salvação por meio desses sacramentos cristãos! Aqueles que adotaram esse ensinamento são tratados como desviados da verdadeira fé, que é o próprio evangelho de Paulo e a interpretação esotérica. "Pois, quanto àqueles que uma vez foram iluminados e provaram o dom celestial e se tornaram participantes do Espírito Santo e provaram a boa palavra de Deus e os poderes da era vindoura e depois caíram, é impossível renová-los outra vez".[34]

Cada frase especial revela o gnóstico e a gnose. Aqueles que se afastaram retroagiram e foram até aqueles que agora pregam a história exteriorizada, o "outro evangelho" do "outro Jesus", com sua ressurreição corpórea. Tendo sido alimentado com comida sólida, eles se tornaram tal como aqueles que têm necessidade de leite. Esse repúdio aos dogmas culmina no seu banimento da ressurreição dos mortos e do juízo final, ou punição no último dia. Aqui, a ressurreição dos mortos deve incluir a do Jesus histórico, se tivesse havido um,

[33] Hebreus 6:1 – versão King James. (NT).

[34] Hebreus 6:4-6– versão King James. (NT).

e, portanto, isso também é negado. Ele rejeita qualquer coisa baseada nisso e diz: "deixemos de falar sobre isso".[35] Paulo, como todos os gnósticos, ensinou a ressurreição dos mortos nesta vida; não a ressurreição dos mortos na vida futura. Agora, é bem certo que essas doutrinas gnósticas não poderiam ter sido interpoladas nos escritos de Paulo pelos fundadores da fé da carne. Porquanto, os dogmas físicos é que foram impingidos nas epístolas de Paulo.

Eu nunca vi nas obras dos escritores cristãos um sinal de que eles sabiam qualquer coisa sobre a natureza real desses mistérios doutrinários. Todos são desconhecedores da tradição, ou gnose, da qual dependia uma verdadeira explicação. Eles assumem a história humana como o ponto inicial de um novo começo, e ignoram, ou são ignorantes, do que está além. Quando chamados para enfrentar os fatos em plena luz do dia, eles mesmos estarão no escuro, e terão que lutar contra eles com os olhos vendados. Mas é impossível alcançar a compreensão do ensinamento de Paulo até que saibamos algo das doutrinas que foram reveladas nos mistérios. É impossível compreender o mistério do Cristo de Paulo sem um conhecimento fundamental do mistério messiânico que existia desde o princípio. Esse era o seu mistério, com o qual não faria muita coisa se tivesse começado com o que são consideradas verdades históricas do evangelho. Ele falou da "sabedoria de Deus em um mistério que tem estado oculto; que Deus preordenou perante os mundos para nossa glória".[36] O "mistério de Cristo, o qual, em outras gerações não se fez conhecido".[37] O "mistério que é Cristo em vós".[38] Sua foi a "revelação do mistério que foi guardado em silêncio através dos tempos eternos."[39]

O fato é que Paulo era um divulgador dos antigos mistérios; foi por isso que seus inimigos se esforçaram para matá-lo! Ele promulgou abertamente a gnose, que sempre fora mantida em segredo. Mas, para compreendê-lo, devemos ter algum conhecimento do mistério messiânico, que teve origem

[35] Hebreus 6:1 – versão King James. (NT).
[36] 1 Coríntios 2:7 – versão King James. (NT).
[37] Efésios 3:4-5 – versão King James. (NT).
[38] Colossenses 1:27 – versão King James. (NT).
[39] Romanos 16:25 – versão King James. (NT).

em fenômenos que são naturais e explicáveis. Quando alguém trabalha no assunto há anos, isso pode ser explicado em poucas horas. A raiz do nome do messias é *mesi* em egípcio. Um significado de cristo em grego ou de messias em hebraico é ungir. Mas a acepção fundamental é renascimento. O mês, *Mes-ore*,[40] foi assim chamado a partir do renascimento do dilúvio. O *mam-mesi* era o local de renascimento do homem ou da múmia. O jantar no primeiro dia do Ano Novo era o *Mesiu*, ou festival de seu nascimento. Cf. o sânscrito *masa*, por uma lua ou mês, e *masala* por um ano.

Esse renascimento poderia ser muito variado nos fenômenos, e assim era o messias típico, ou o recém-nascido. A serpente chamada *mesi*, a palavra sagrada, era o messias pelo nome, porque o réptil descamava sua pele e se renovava. Daí por que a serpente era um símbolo do Cristo gnóstico. Renascimento era a manifestação, e o manifestante personificado era o messias, sob qualquer tipo ou em qualquer fase dos fenômenos. Renascimento do Nilo, da luz da lua, do ciclo do tempo ou dos mortos, poderia ter o seu messias! Assim, o messias tinha um renascimento mensal no orbe lunar e um solar a cada ano, com o renascimento da mãe virgem no zodíaco. Mas havia uma manifestação mais misteriosa quando a menina ou menino atingia a puberdade, ou renascimento em feminilidade e masculinidade. Aqui o messias é tanto masculino quanto feminino – *chris*, ou cristo. Sabedoria e Verbo! De acordo com os fatos naturais, nesse período de renascimento nasceu o poder de procriação para assegurar ainda mais o futuro renascimento da raça. Homens e mulheres poderiam se reproduzir nesta vida. Daí o renascimento do ungido, o messias da maturidade. Mas, além desses renascimentos naturais, foi demonstrado nos mistérios espirituais da mediunidade anormal que havia um espírito no homem, ou pelo menos, em alguns homens, que poderia se reproduzir, ou seja, poderia ser reproduzido pela aliança com o poder acima, ou ser renascido, para a próxima vida. Este foi o Cristo da gnose, o

[40] "*Mesore*", segundo a Wikipedia, era o décimo segundo e último mês do calendário civil egípcio antigo e calendário copta, correspondente ao quarto e último mês da temporada de Shemu. Desde 25 a.C., quando o calendário foi reformado para incluir anos bissextos, o *mesore* coincidia aproximadamente com agosto.

manifestante messiânico em uma fase psíquica ou espiritual; o revelador, de acordo com o mistério de Paulo. Aquilo que ele não havia recebido de nenhum homem foi comunicado a ele por essa revelação do Cristo. Mas fixe: em nenhuma dessas fases, elemental, atemporal (?)[41] ou humana, poderia o messias, o Cristo da manifestação, tornar-se um personagem histórico. Além disso, na fase humana, há apenas um sentido em que o Cristo poderia nascer de uma mãe virgem, e isso só pode ser entendido tomando o Cristo como o imortal [espírito – NT] no homem, e complementando-o com o conhecimento de que a mãe era o primeiro inspirador reconhecido da alma. Quando tipificada e tornada doutrinária, esta mãe, como vivificadora da alma, esta mãe de Hórus, ou Cristo, pode ser dito, vem a ser virgem numa região além daquele contato físico na fase humana carnal. Para finalizar, o messias era o espírito imortal no homem, ou o Cristo interior, de acordo com a linguagem de Paulo. Aqueles que entendiam essas coisas não podiam aceitar ou ser aceitos pelo cristianismo histórico; só poderia pensar nisso como fez Celso quando ele disse dos cristãos: "Certos erros mais ímpios são cometidos por eles, que são devidos à sua extrema ignorância, pela qual eles se afastaram do significado dos enigmas divinos" e como disse Porfírio, que denunciou a religião cristã como uma "blasfêmia, barbaramente ousada."

A doutrina cristã do nascer de novo foi deduzida sem o conhecimento desse renascimento gnóstico, que era a conversão do homem total e de suas sete almas inferiores na semelhança de seu eu supremo, ou divino, com a oitava, o Cristo-espírito, como o reprodutor da vida eterna. Paulo às vezes afirma que ele possui essa natureza crística, esse revelador interno, porque, de acordo com os gnósticos, a humanidade poderia alcançar a altitude divina e demonstrar sobre o Monte da Transfiguração o elemento imortal na natureza do ho-

[41] Por achar mais adequado e na falta de maiores informações, traduzi a palavra *kronian*, no original, por 'atemporal'. É bem verdade que encontrei na wikipedia uma palavra semelhante, *Kronia*, que era uma festa ateniense realizada em honra de Cronos no 12° dia de Hekatombaion, o primeiro mês do calendário ático e aproximadamente equivalente à última parte de julho e primeira parte de agosto. O festival também foi celebrado em partes da Jônia, e nesses lugares o mês ficou conhecido como *Kronion* após o festival. (NT).

mem. Quando substituiu ignorantemente o *modus operandi* do milagre, aplicando-o à ressurreição física, o mundo cristão abandonou e perdeu essa base que Paulo encontrou em fatos naturais, embora supranormais.

Mas, como vimos, esse manifestador do renascimento pode ser tanto feminino quanto masculino. De fato, a anunciadora feminina foi a primeira, e há razões místicas para isso na natureza. Em hebraico, o Espírito Santo, ou *ruach*, é do gênero feminino. A alma é feminina. Algumas seitas gnósticas atribuíam a alma à natureza feminina e tornavam seu *charis*[42] não apenas anterior, mas superior, ao Cristo. No Livro da Sabedoria, é a própria Sophia que é a salvadora pré-cristã da humanidade. Era a Sabedoria na qual os homens são ensinados, e ela é a salvadora através do conhecimento e das boas obras. Ao passo que o Cristo foi transformado em um salvador pela fé. A mesma Árvore do Conhecimento, que deu o fruto que condenou o par primitivo no Gênesis, é a Árvore da Sabedoria nos apócrifos, onde a Sabedoria, personificada como a Árvore, exclama: "Eu sou a mãe do amor justo, do temor, do conhecimento e da santa esperança. Vinde a mim todos os que são desejosos de mim e encham-se de meus frutos. Porque a celebração a mim é mais doce do que o mel, e minha herança do que um favo de mel. O que me obedece nunca será confundido."

Essa completa reversão da crença cristã está fundada na sabedoria oculta! Tal era a interpretação, pelos homens que sabiam, daquela fábula na qual a 'queda do homem' estava baseada segundo aqueles que nos impuseram sua ignorância e nos deixaram cegos com sua crença. A sabedoria é renovação e renovadora de todas as coisas, e é ela quem confere imortalidade ao homem; ela é o Cristo como portador de renascimento. O gnóstico Marcus afirmava que Charis era superior a "todas as coisas", ou *Totum*; e Charis, o Cristo feminino, era o espírito iluminador de seu ensinamento, como quando ele é levado a dizer aos seus médiuns: "Eis que Charis desceu sobre

[42] *Charis*, palavra de origem grega que significa, graça, bondade e vida. Na mitologia grega, era uma das *charites*, ou "graças", deusas do encanto, da beleza, da natureza, da criatividade humana e da fertilidade; e na Ilíada de Homero, Charis era o nome da esposa de Hefesto (o deus ferreiro).

ti; abre a tua boca e profetiza; abre a tua boca e profetizarás."

Aplique isso ao espírito como homem, em vez de mulher, e você tem o Cristo, ou o espírito iluminador de Paulo. Foi uma questão de prioridade no tipo e pertencia a uma interpretação mística de fenômenos naturais. O sangue de Charis precedeu o sangue de Cristo, mas, se não houvesse a purificação pelo sangue de Charis, não teria havido a doutrina de purificação de almas pelo sangue de Cristo. A Eucaristia foi uma celebração de Charis antes de ser atribuída ao Cristo.

Mais uma vez, o Cristo de Paulo é identificado com o anjo Metatron, como o messias que seguiu os israelitas no deserto. Então, ele faz o anjo masculino. Mas nas tradições dos targumistas, o Poço de Míriam ocupa o lugar deste Cristo sustentador, que era a rocha espiritual segundo Paulo. No Evangelho dos Egípcios, citado por Clemente Alexandre, o Senhor diz: "Eu vim para destruir as obras da mulher." Os dois manifestadores, masculino e feminino, têm continuidade no "Pastor de Hermas", que alguns dos Padres consideravam como uma escritura divinamente inspirada. Aqui, em uma visão, o espírito, ou Logos, que é uma mulher velha, ou seja, a sabedoria antiga, torna-se, em outro enfoque, o filho de Deus! Dela é dito: "Ela é uma mulher velha, porque ela foi a primeira de toda a criação, e o mundo foi feito por ela."

Sabedoria, a mulher, foi a primeira; ela era a mãe de Deus. Cristo, o filho, foi o segundo. Logo, ele substituiu a fêmea em uma representação; em outra, ele foi misturado com ela e, consequentemente, retratado na imagem de ambos os sexos, como um tipo espiritual. A Sabedoria, ou Sophia dos gnósticos, estava em primeiro lugar, à frente dos sete poderes pré-planetários, e era chamada de "Ogdoas" [um grupo de oito – NT], como a mãe da primeira e inferior Hebdômada [um grupo de nove – NT]; em seguida, o Cristo foi transformado na cabeça como manifestador dos sete poderes planetários posteriores, chamados por eles de Hebdômada superior, sendo ele o resultado de uma criação posterior e representante da paternidade no céu, que seguiu a paternidade estabelecida na Terra; e aquele mesmo manifestador gnóstico dos sete poderes ou deuses tinha sido Iu no Egito, Iaô na Fenícia, Assur na Assíria, e o Buda ou Agni na Índia, muito tempo antes.

Agora, Paulo se opunha aos gnósticos que exaltavam o tipo feminino da alma – a fêmea como portadora do renascimento de ora em diante. Ele repudiou e proclamou seu Cristo. Seu Verbo (ou Palavra – NT), Logos, ou Messias, é estritamente masculino. Na Índia, esse tipo seria o *lingaico* versus o *yoniano*.[43] Ele afirma que o "Verbo pela Sabedoria não conheceu Deus". Isto é exatamente o mesmo que dizer que os homens só reconheciam a maternidade no céu e não sabiam quem eram seus próprios pais na Terra. O Senhor é o espírito, o Cristo é o espírito, ele declara; não Sophia, não a sabedoria de uma natureza feminina. Cristo, afirma ele, é tanto o "poder como a sabedoria de Deus". Ele proclama que todos os tesouros de Sophia e da gnose estão contidos no Cristo e diz que o Cristo foi "feito Sabedoria para nós". O Cristo tomou o lugar dela. Mais uma vez, sua glorificação não está na sabedoria da carne, nem na fêmea Charis, mas na graça de Deus (2 Coríntios 1:12).[44] Pois a Sabedoria feminina havia sido segundo a carne, sendo a mulher ou mãe da carne da carne; e Paulo, como gnóstico ou cabalista, familiarizara-se com a sabedoria carnal, um dos mistérios pertencentes à periodicidade feminina, que ele agora repudia quando diz: "se antes conhecemos Cristo (ou o manifestador) segundo a carne, já agora não o conhecemos deste modo."[45]

Aqui não se pode pretender que Paulo conhecesse o Cristo pessoal na carne e, portanto, algum outro fato deve ser procurado. Interpretado, no entanto, ele está falando doutrinariamente e não de dois personagens históricos. De Paulo é o Cristo gnóstico como o segundo Adão; o homem do céu, cujo tipo suplantou o homem da Terra. Paulo sabia muito bem que Adão não era um homem no sentido literal; ele era o homem

[43] Segundo o Glossário Teosófico, *linga*, ou *lingam* (sânsc.), é um símbolo da criação abstrata. A força converte-se no órgão da procriação masculino apenas na Terra. Na Índia há doze grandes lingams de Shiva, em montanhas e rochas e em templos. Ainda, segundo a mesma fonte, *yoni* (sânsc.) é a matriz, o órgão feminino. Sozinha, ou em combinação com o *linga*, constitui objeto de veneração dos seguidores dos *shatktis*.

[44] "Porque a nossa glória é esta: o testemunho da nossa consciência, de que, com santidade e sinceridade de Deus, não com sabedoria humana, mas, na graça divina, temos vivido no mundo e mais especialmente para convosco." (2 Coríntios 1:12).

[45] 2 Coríntios 2:16. (NT).

típico da carne; o filho da mulher; e como era o tipo, tal era o antítipo, quando ele chama seu Cristo de segundo Adão, o último tipo espiritual de homem e do Pai acima. Nem foram, nem poderiam ser personagens históricos. Para usar suas próprias palavras, "estas coisas são uma alegoria".[46]

Em sua fase mais oculta, o mensageiro feminino era um Verbo que se fez carne; porque ela era a criadora de carne, a mãe de matéria. Mas isso era apenas em termos fisiológicos. Por isso ela foi substituída pelo mensageiro masculino; o espírito que nunca poderia ser feito carne. Ninguém, a não ser o iniciado nessas questões, poderia saber o que significava essa transferência de tipo e a substituição do Senhor pela Dama, o Cristo pela Sabedoria, o segundo Adão pelo primeiro. Mas aí está a verdade no fundo do poço; a fonte de tanta dificuldade encontrada nas profundezas dos escritos de Paulo. E essa alegação de Paulo em favor de um dogma gnóstico contra outro foi feita para parecer que ele estava fervorosamente lutando por um Jesus histórico.

Esta transferência de tipo não se limita a Paulo! Por exemplo, a vinha era um símbolo feminino. Sabedoria diz: "Como a videira trouxe-me adiante" (Eclesiastes 24:17);[47] e no Livro dos Provérbios[48] Sophia grita: "Venha comer do meu pão e beber do vinho que tenho misturado".

A Figueira do Egito era a figura da Senhora do Céu, que é apresentada como a árvore da vida e do conhecimento no ato de alimentar as almas. Ela literalmente dá seu corpo como o pão e o seu sangue como o vinho da vida! Nos tempos ptolomaicos posteriores, esta árvore foi designada para Sophia, ou Sabedoria, o que mostra a ligação entre o Egito e a Grécia. A superação de Sophia está também ilustrada na maldição da figueira infrutífera pelo Cristo canônico,[49] quando a parábola mitológica é apresentada como uma história humana. No Evangelho de João, o tipo foi transferido para a natureza masculina, assim como foram os provérbios, e o Cristo se torna o

[46] Gálatas 4:24. (NT).
[47] Trata-se aqui do livro deuterocanônico chamado também de Siràcide, ou Bem Sirá. (NT).
[48] Provérbios 9:5. [NT].
[49] Episódio relatado em Marcos 11:12-14, Marcos 11:20-25 e em Mateus 21:18-22. [NT].

pão e o vinho da vida. Nos apócrifos, é Sophia quem é o "reflexo da luz eterna, o espelho sem mancha do poder de Deus e a imagem da sua bondade!" (Sabedoria 7:26).

Na Epístola aos Hebreus, o Cristo toma o lugar de Sophia. Ele é chamado de "resplendor da glória"[50] de Deus, a "própria imagem de sua substância".[51] No entanto, o Cristo masculino não poderia se tornar carne em um homem mais do que Sophia, ou Charis, poderia ter-se encarnado anteriormente em uma mulher histórica.

Não se pode entender uma metade sem a outra. Ambas devem ser consideradas juntas. A doutrina é dupla e totalmente oposta a toda e qualquer personalidade histórica.

Mas ainda não dominamos completamente todo o mistério de Paulo para uso moderno. E ele não é acessível para ninguém além do espiritualista fenomenal, que sabe que as condições do transe e da clarividência são fatos da natureza; daqueles que têm evidências de que o outro mundo pode se abrir e iluminar com revelações e provar sua presença palpável, visível e audivelmente; daqueles que não negam o ensinamento de que a consciência humana continua na morte e emerge numa personalidade que persiste além do túmulo. Apenas esses, eu digo, estão qualificados para compreender o mistério, ou receber a mensagem, entregue verdadeiramente aos homens uma vez pelo espiritualista Paulo, mas que foi completamente pervertida pelos "*sarkolators*", os fundadores da fé carnal. Em primeiro lugar, ele foi um iniciado nos mistérios gnósticos, chamados cabalistas em hebraico. Ele nos conta como tinha sido extremamente zeloso com as tradições, o que deve ter incluído a interpretação tradicional dos mistérios e da gnose, ou sabedoria oculta. Ele era um adepto perfeito. Ele conhecia a natureza do Cristo kroniano[52] e do Cristo espiritual segundo a gnose. Além disso, Paulo, segundo seu próprio testemunho, era um vidente anormal, sujeito às condições de transe. Ele não conseguia lembrar se certas experiências lhe ocorreram no corpo ou fora dele! Essa condição

[50] Hebreus 1:3 versão King James. (NT).
[51] Ibidem.
[52] Como dissemos na 5ª nota de rodapé: "O Cristo kroniano é o messias mítico dos evangelhos canônicos." (NT).

de transe foi a origem e fonte de suas revelações, o coração de seu mistério, a enfermidade da qual ele se gloriava – em suma, seu "espinho na carne". Ele mostra aos coríntios que sua condição anormal, êxtase, doença, loucura (ou não), era uma fase de intercurso espiritual, na qual ele era divinamente insano – insano em nome de Deus –, mas que ele era racional o suficiente em seu relacionamento com eles. Ele diz:

> "Eu passarei às visões e revelações do Senhor. Eu conheci um homem em Cristo quatorze anos atrás (se no corpo ou se fora do corpo eu não sei; Deus o sabe), que foi arrebatado até no terceiro céu"[53] – em nome daquele homem ele se gloriará.
>
> E em razão da suprema grandeza das revelações, portanto, para que eu não seja exaltado em demasia, foi-me dado um espinho na carne, um mensageiro de Satanás para me esbofetear, para que eu não fosse exaltado por demais.[54]

O 'espinho na carne' de Paulo foi atribuído à luxúria ou inflamação nos olhos; mas, exceto como milagre, nenhum comentarista cristão que conheço já o conectou a fenômenos anormais. Os marcionitas disseram que o mistério foi manifestado a Paulo por revelação. Paulo diz o mesmo. Por esse modo anormal, o mistério foi-lhe revelado em pessoa. Seus olhos foram abertos para que ele pudesse ver por si mesmo a verdade que era ensinada nos mistérios. Se um espírito aparecesse em visão a Paulo, isso provaria positivamente o renascimento numa vida futura e constituiria a revelação de seu mistério messiânico. O Cristo de Paulo, o Senhor, é o espírito; seu evangelho é o da revelação espiritual, sendo anormal o principal modo de manifestação, como era e tinha sido, nos mistérios gnósticos.

O Cristo gnóstico era o espírito imortal no homem, que primeiro demonstrou sua existência por meio de fenômenos anormais ou espiritualistas. Não dependia nem poderia depender de uma única manifestação de uma personalidade histórica. E quando Paulo diz "Eu conheci um homem em Cris-

[53] 2 Coríntios 12:1-2 versão King James. (NT).
[54] 2 Coríntios 12:7 versão King James. (NT).

to", percebemos que 'estar em Cristo' é estar na condição de transe, no espírito, como eles expressavam, no estado que é comum ao que agora é denominado mediunidade.

Estando em condição de transe, ou em Cristo, como ele chama, foi arrebatado até o terceiro céu e não pôde determinar se estava no corpo ou fora do corpo. Aqui ele identifica seu Cristo com uma condição de ser e iguala aquela condição com os fenômenos anormais conhecidos por alguns de nós que estudaram o espiritualismo moderno. Este é o Cristo gnóstico, não o Cristo de qualquer personalidade histórica especial, que supostamente se manifestou apenas uma vez e de uma vez por todas. O Cristo da gnose, de Filo e de Paulo precedeu o cristianismo e o substituirá certamente, porque se baseia em fatos conhecidos da natureza e verificáveis hoje em dia. Foram aqueles que ignoravam completamente esses fatos sutis e obscuros, desdobrados nos mistérios, que acreditaram e se tornaram cristãos no sentido moderno, porque eram cegos. Paulo era tanto um vidente quanto um conhecedor. Ele se tornou um dos divulgadores públicos dos fatos, assim como qualquer médium itinerante do nosso tempo. Ele diz aos gálatas:

> Sabeis que, por causa de uma enfermidade da carne, eu vos preguei o evangelho pela primeira vez, e apesar do que foi uma tentação para vós em minha carne, não me desprezastes nem rejeitastes (ou cuspistes); antes me recebestes como um anjo de Deus, como Cristo Jesus![55]

Essa enfermidade da carne era sua tendência a cair em transe. Quando ocorreu pela primeira vez, em uma determinada data, ele recebeu sua revelação e começou a pregar seu próprio evangelho. Ele falou e ensinou como fazem os médiuns em transe hoje. Ele recebeu suas revelações – visões e revelações do Senhor – e deu provas do Cristo, ou espírito, falando dentro dele, falando através dele quando estava em transe. E nesse chão, eles o receberam como um anjo de Deus – receberam-no como o Cristo. Este Cristo, personificado por Paulo como o revelador em transe, era necessariamente o Cristo gnóstico, o espírito de Deus, como ele frequentemente

[55] Gálatas 4:13-14 - versão King James. (NT).

o chama, o Cristo que falou através dele, fundado no que é agora denominado controle espiritual, mas não baseado no espírito de qualquer Jesus de Nazaré. Seu Cristo é o espírito que se revelou anormalmente nele e através dele, de modo que ele "falou a sabedoria e as palavras que o espírito ensinou; falou mistérios do espírito".[56] Seu Cristo era o mesmo espírito que "tem uma diversidade de trabalhos" em várias manifestações espirituais. "A um dá a palavra da sabedoria, a outro a palavra do conhecimento, a outro a fé, a outro o dom da cura, a outro poderes miraculosos, o outro o dom de profetizar, a outro o de discernir espíritos, a outro o dom de línguas e a outro do dom da interpretação".[57]

E como este era o Cristo, que sempre foi tão manifesto, nada dependia de qualquer caráter histórico. Tudo o que era real, isto é, espiritual, seria o mesmo depois do que tinha sido antes. Nada dependia disso, e o próprio cristianismo histórico é apenas uma vasta interpolação, o maior de todos os obstáculos ao desenvolvimento mental e à unidade da raça humana.

Eu farei mais uma ilustração de que Paulo estava fora do círculo de conspiradores que foram os fundadores, como falsificadores, do cristianismo histórico em Roma.

O Cristo proclamado por Pedro e Tiago foi o messias mítico dos ciclos de tempo, o vindouro, convertido em caráter histórico; daí que aquele que supostamente deveria ter acabado de chegar ainda permaneceu sendo o próximo. Ele mesmo é levado a dizer que está vindo antes que a geração atual tenha passado.

Além do mito e seu significado, não havia outra vinda, ou fim dos tempos, da era, do éon ou do mundo! A alegoria kroniana só pode ser aplicada ao Cristo kroniano, como o manifestador metafórico do Eterno na esfera do tempo, que não poderia ser feito carne nem assumir personalidade histórica. Como um adepto, isto era sabido por Paulo. Essas coisas eram uma alegoria; mas não era conhecido por aqueles que pregavam aquele "outro evangelho". Tiago afirma que "a vinda do Senhor está próxima". João declara que é a última hora. Na segunda epístola de Pedro, vemos que o escritor menciona Paulo pelo nome e responde às suas epístolas. Ele está se-

[56] Cf. 1 Coríntios 2:13. (NT).
[57] 1 Coríntios 12:9-10 - versão King James. (NT).

cretamente tentando neutralizar a influência do ensinamento de Paulo sobre uma questão de tamanha importância como a segunda vinda de Cristo e o fim imediato do mundo. No primeiro capítulo ele proclama que o fim de todas as coisas está próximo. Aqui ele diz que os zombadores estão perguntando: "Onde está a promessa de sua vinda?"[58] Eles esquecem os cataclismos e dilúvios pelos quais os antigos céus e a terra pereceram. Dessa vez o fim virá com uma conflagração universal, e de acordo com a promessa,

> Nós procuramos novos céus e uma nova terra.[59] ... nosso amado irmão Paulo tem falado dessas coisas ... Segundo a sabedoria que lhe foi dada, ele escreveu para você; como também em suas epístolas, falando nestas coisas, onde há algumas difíceis de entender, as quais o ignorante e instável deturpa (como também o faz com as outras escrituras) para sua própria destruição.[60]

O assunto aqui é a natureza dos ciclos do tempo e a destruição mítica por inundação e fogo, que Paulo, como um adepto, sabia ser típico e alegórico. Pedro os confunde com realidades literais. Sendo um forasteiro, ele não entendia a sabedoria, ou gnose, de Paulo, mas diz que é enganosa, posto que o ignorante a distorce para a sua própria destruição. Pedro também disse que o dia do senhor virá como ladrão. Para isso temos respostas diretas de Paulo.

> "Quanto aos tempos e épocas, irmãos, não tendes necessidade de que se vos escreva qualquer coisa. Pois bem sabeis que o dia do Senhor vem como um ladrão à noite. Mas vós, irmãos, não estais em trevas para que aquele dia vos surpreenda como um ladrão, porque todos vós sois filhos da luz e filhos do dia; nós não somos da noite nem das trevas.[61]

Como eram tolos aqueles fisicistas, os agnósticos petrinos. E novamente Paulo diz aos tessalonicenses:

> Agora, rogamos-vos, irmãos, no tocante à vinda de

[58] 2 Pedro 3:4 (NT).
[59] Apocalipse 21:1 – versão King James. (NT).
[60] 2 Pedro 3:15-16 – versão King James. (NT).
[61] 1 Tessalonicenses 5:1-5 – versão King James. (NT).

> nosso Senhor Jesus Cristo e à nossa reunião com ele, que não vos demovais de vossa mente, nem sejais perturbados quer por espírito, quer por palavra, quer por epístola como se procedesse de nós, supondo que tenha chegado o dia do Senhor. Que nenhum homem vos engane de qualquer maneira;[62]

não deem atenção à credulidade daqueles ignorantes! Depois, segue-se uma pausa no sentido. Mas uma queda deve vir primeiro, e o homem do pecado deve ser revelado ou exposto; o filho da perdição,

> o qual se opõe e se exalta contra tudo o que se chama Deus ou que é adorado; a ponto de assentar-se no templo de Deus, colocando-se como Deus.[63]

Isso, eu digo, Pedro, aquele que foi estabelecido na Igreja de Roma, é o opositor de São Paulo.

> Não vos recordais de que, quando ainda convosco, eu costumava dizer-vos estas coisas. E agora sabeis o que o detém, para que ele seja revelado em ocasião própria. Pois o mistério da iniquidade já opera e aguarda somente que seja afastado aquele que agora o detém e, então, será revelado o iníquo a quem o Senhor Jesus matará com o sopro da sua boca, e aniquilará pela manifestação da sua vinda, (aquela) 'vinda' que está de acordo com o trabalho de Satanás, com todo poder e sinais e prodígios da mentira, e com todo engano de injustiça aos que perecem, porque não acolheram o amor da verdade para que pudessem ser salvos, e por isso Deus lhes envia a operação de erro para darem crédito à mentira.[64]

Em ambas as citações, o assunto identifica Pedro tão palpável quanto se Paulo o tivesse nomeado. Ele está respondendo ao ensinamento de um homem em particular que está proclamando a "vinda" de Cristo e o dia do Senhor, ou fim do mundo, como estando à mão. Ele diz com efeito: – Não seja incomodado ou enganado por qualquer lixo ignorante. O Senhor

[62] 2 Tessalonicenses 2:1-3 – versão King James. (NT).
[63] 2 Tessalonicenses 2:4 – versão King James. (NT).
[64] 2 Tessalonicenses 2:5-10 – versão King James. (NT).

não virá no sentido que ele prega nem poderá vir em meu, a não ser que o homem do pecado seja revelado. Ninguém jamais ousou sonhar que esse "homem do pecado" fosse o próprio Pedro! Mas a pessoa apontada é considerada capaz de forjar epístolas em nome de Paulo; assim atribuindo essa espécie de ensinamento a ele, e fazendo-o ser o pai, enquanto Paulo ainda vivia. Este "homem do pecado" e "filho da perdição" postou-se no templo de Deus, colocando-se como Deus. Ele não é o imperador Nero, mas um retrato de Pedro, o eterno inimigo de Paulo; aquele cuja pregação é relativa a sinais e maravilhas mentirosas, tais como as histórias sobre o fim do mundo, sobre a morte dos céus com estrepitoso estrondo, a dissolução dos elementos com calor fervoroso,[65] a queima da terra com todas as obras sobre ela e outros ensinamentos sobre este cataclismo que Paulo denuncia como ilusório e sabe serem mentirosos! Esse enganador dos homens é contido por enquanto pelo próprio Paulo. Mas, quando ele parte, Pedro se revelará ou será revelado em suas verdadeiras cores, e os tessalonicenses veem o que Paulo sabia o tempo todo, e contra ele já os advertira uma vez antes, isto é, contra aquele trabalho errôneo e crença numa mentira, que agora conhecemos pelo nome de cristianismo histórico.

É aqui, então, que podemos espreitar diretamente o abismo profundo e sombrio que separava Pedro de Paulo, do qual temos um vislumbre tão claro nas Homilias Clementinas. Esses escritos foram inspirados pela facção de Pedro. Neles Paulo é designado o "homem hostil"; seu próprio epíteto, *Anomas*, o sem lei, é lançado de volta a ele por Pedro, que denuncia a pregação pueril do homem que é seu inimigo, e que diz: "Como um adversário, tu te opões a mim, a rocha firme, o fundamento da Igreja."[66]

A conversão de Paulo, por meio de visão anormal é atribuída ao falso Cristo, o gnóstico e espiritualista, oposto a um Cristo histórico. Em Homilia 17, Pedro obviamente está batendo em Paulo e em suas visões quando pergunta: "Alguém

[65] "Virá, entretanto, como ladrão, o Dia do Senhor, no qual os céus passarão com estrepitoso estrondo, e os elementos se desfarão abrasados; também a terra e as obras que nela existem serão atingidas." (2 Pedro 3:10). (NT).

[66] Essa passagem das Homilias Clementinas tem nítida conexão com Mateus 16:13-18, onde se lê: "tu és Pedro, e sobre esta pedra edificarei a minha igreja, e

pode ser constituído instrutor por intermédio de visões?"

Paulo é tratado como o arqui-inimigo do Cristo crucificado – ele é o próprio anticristo. Ele será o autor de uma grande heresia que se espera que aconteça no futuro. É dito que Pedro declarou que Cristo instruiu os discípulos a não publicar o único evangelho verdadeiro e genuíno no presente, porque o falso instrutor deve surgir, que proclamaria publicamente o falso evangelho do anticristo que era o Cristo dos gnósticos. "Como o verdadeiro profeta nos disse, o falso evangelho deve vir de um certo enganador"; e assim eles deveriam continuar secretamente promulgando o verdadeiro evangelho, até que este falso pregador tivesse falecido. Este verdadeiro evangelho foi confessadamente "mantido em reserva, para ser transmitido secretamente para a retificação de futuras heresias."

Eles sabiam muito bem o que iria acontecer se a pregação de Paulo, proclamada em suas epístolas originais, se tornasse cada vez mais evidente. Era Paulo quem eles tinham motivos de temer. Portanto, aqueles que eram os seguidores de Pedro e Tiago anatematizaram-no como o grande apóstata e rejeitaram suas epístolas. Justino Mártir nunca menciona esse fundador do cristianismo, nunca se referiu aos escritos de Paulo. O mais estranho de tudo é que o livro dos Atos, que é principalmente a história de Paulo, não contém nenhum relato de seu martírio ou morte em Roma! O abismo, no entanto, não pode ser completamente imaginado, exceto pelo fato de que não havia Cristo pessoal e que Paulo era o oponente natural dos homens que estavam estabelecendo o Cristo feito carne para a salvação do mundo que nunca esteve perdido. Minha conclusão é que a evidência fabricada é o único suporte do cristianismo histórico que pode ser derivado das epístolas de Paulo; que a manipulação para um propósito ulterior, que é tão óbvio no livro de Atos, foi muito mais sutil e fundamentalmente aplicada às suas epístolas e doutrinas; que eles trabalharam como ladrões que manipulam linho roubado quando retiram as marcas da propriedade para escapar da detecção; que falsas doutrinas foram impingidas no texto original, que parece ter sido retido por um século após a morte do escri-

---

as portas do inferno não prevalecerão contra ela." (NT).

tor, até que o fermento da falsidade tivesse feito seu trabalho fatal. O problema dos conspiradores e falsificadores em Roma era como converter a cristologia mítica em cristianismo histórico, e quando permitiram que as epístolas de Paulo emergissem da obscuridade numa coleção, o que ocorreu foi a restauração do Cristo *carnalizado*, aquele "outro Jesus" que foi repudiado por Paulo enquanto em vida. Paulo sentiu ou temeu e previu que esse seria o caso quando ele fosse removido do caminho. Ele viu o mistério da ilegalidade já em ação – os falsificadores enviando cartas como se fossem dele -, e vimos o que Paulo previra! O problema dos conspiradores que forjaram as fundações da Igreja em Roma foi como misturar com sucesso o Cristo Jesus dos gnósticos, dos apócrifos pré-cristãos, de Filo e de Paulo, com aquele Cristo corpóreo e personalidade impossível, em quem eles ignorantemente acreditavam, através de uma *literalização* cega da mitologia, de modo a fazer o histórico parecer o verdadeiro ponto de partida e a interpretação gnóstica se tornar uma heresia posterior. Isso foi finalmente efetuado quando a declaração de João de que "o Verbo se fez carne e habitou entre nós" foi aceita como o evangelho genuíno, e aquilo que era uma impossibilidade para os gnósticos tornou-se um fato consumado para aqueles que não sabiam melhor em que acreditar. O Evangelho Segundo João foi inventado calculadamente para servir como um amálgama harmonizador de doutrinas que eram fundamentalmente opostas. Nesse amálgama, tentaram misturar "bílis e mel", de modo que, se "bem sacudido antes de ser tomado", ele pudesse ser engolido pelos seguidores de ambos os lados. Mas havia um grande abismo posto para sempre entre a cristologia gnóstica e o cristianismo histórico. Era um abismo que nunca poderia ter uma ponte sólida, e nunca foi preenchido ou sondado até o fundo. Os corpos de dois milhões de mártires do livre pensamento, levados à morte como hereges, só na Europa, e todo o sangue que foi derramado em guerras cristãs, não conseguiu preencher esse abismo, que espera como sempre de boca aberta pela sua presa. Do outro lado do abismo, a igreja cristã foi erguida com base em ambos os lados. De um lado estavam os pilares da Igreja que foram vistos por

Paulo quando em Jerusalém. Do outro, o próprio Paulo, o pilar que estava sozinho. Uma diferença, a mais radical e profunda, separou-o dos outros apóstolos, Pedro, João e Tiago. Desde o começo, eles estavam nos dois lados do abismo que não podia ser fechado; e o *Prædicatio Petri*[67] declara que Pedro e Paulo permaneceram irreconciliados até a morte. A grande obra dos primeiros séculos foi como preencher o abismo ou, pelo menos, como ocultá-lo dos olhos do mundo em épocas posteriores. Isso só poderia ser feito apoiando-se, de um lado, em Paulo como suporte e sustentáculo e em Pedro, de outro; o que tinha que ser feito pela conversão ou perversão das epístolas do Paulo gnóstico em apoio ao cristianismo histórico. Dessa forma, a Igreja foi fundada. Foi construída como uma ponte sobre o abismo, e o papa de Roma foi nomeado e designado adequadamente *Pontifex Maximus*. Ela foi erguida acima do abismo que se esconde sombriamente como um fosso aberto abaixo e, hoje, como sempre, o mundo cristão está terrivelmente assombrado pelo medo de que uma respiração ou duas de vida intelectual maior, um enunciado demasiado audível de pensamento livre, uma dose de dinamite mental possa derrubar o edifício do erro, pô-lo em ruínas para preencher, por fim, aquele abismo sobre o qual foi tão perigosamente fundada desde o início.

Nota para uma palestra sobre "Paulo"

Ao citar as evidências da dupla doutrina atribuída a Paulo, omiti uma das ilustrações mais conclusivas do fato. Nós lemos em Gálatas 3:13 – "Cristo nos redimiu da maldição da lei, fazendo-se ele próprio maldição em nosso lugar (porque está escrito: Maldito todo aquele que for pendurado em uma árvore)." O objetivo de pendurar o condenado na árvore era fazê-lo amaldiçoado. Mas o que diz a voz de Paulo, o gnóstico, em outro texto? "Nenhum homem falando pelo Espírito de Deus chama Jesus de amaldiçoado, e ninguém pode dizer

[67] *Praedicatio Petri*, que não existe mais, deu forma a parte de uma pregação perdida de Pedro e de Paulo (cf. Clemente de Alexandria, Strom. VI, e Lactantius, Inst. IV. 21), tendo sido mencionada com muita frequência pelos Pais da Igreja. Numerosos fragmentos desse documento foram preservados por Clemente de Alexandria, que os cita constantemente como um registro genuíno do ensino de Pedro.

que Jesus é o Senhor, senão pelo Espírito Santo" (1 Coríntios 12:3). Ou seja, o Cristo da gnose não poderia ser amaldiçoado, não poderia ser pendurado em uma árvore, e nenhum gnóstico diria que Jesus era o *Kurios*[68] senão no sentido místico ou esotérico. Aqui as doutrinas históricas e gnósticas são diretamente antipodais. Isso novamente é o ensinamento de Paulo: "Não perguntes em teu coração: Quem subirá ao céu?, isto é, para trazer do alto a Cristo; ou: Quem descerá ao abismo?, isto é, para levantar Cristo dentre os mortos)? O Verbo (ou a Palavra – NT) está perto de ti, na tua boca e no teu coração".[69] Isto é, a Palavra (ou o Verbo – NT) como pregada por Paulo. Segue-se, então, a interpolação. Além disso, como uma ilustração da declaração feita por Clemente de Alexandria de que Paulo disse que traria a gnose, ou a sabedoria oculta, aos irmãos em Roma, deveria ter sido mostrado por mim que o ensino da Epístola aos Romanos 1:23-32 é tirado quase organicamente e repetido quase textualmente em Sabedoria de Salomao 14:12-31.

[68] *Kurios*, palavra de origem grega que significa autoridade suprema, senhor, controlador ou mesmo Deus, Senhor, mestre.
[69] Romanos 10:6-8 (NT).

A Teosofia geralmente indicada[70]

Por William Q. Judge

Tradução: Edilson A. Pedrosa

William Q. Judge.

Existe a pretensão de que um estudo imparcial da história, religião e literatura aponta a existência, desde os tempos antigos, de um grande corpo de doutrina filosófica, científica e ética que forma a base e a origem de todo pensamento similar nos sistemas modernos. Ela é ao mesmo tempo religiosa e científica ao afirmar que religião e ciência nunca devem ser separadas. Apresenta ideais e ensinamentos religiosos sublimes, mas, ao mesmo tempo, mostra que tudo isso pode ser demonstrado pela razão, livre de qualquer autoridade que não tem lugar, impedindo, assim, a hipocrisia que surge da afirmação de dogmas baseados na autoridade, os quais ninguém pode demonstrar que estejam estribados na razão. Esse antigo corpo de doutrina é conhecido como a "religião sabedoria", e ela

[70] Trata-se originalmente de palestra intitulada *Theosophy Generally Stated*, dada por Judge no primeiro Parlamento Mundial das Religiões, em 1893. Pode ser encontrada em "William Q. Judge Theosophical Articles", vol. 1, p. 1-7 e WQJ Pamphlet # 5 "Occult Philosophy", publicados pela Theosophy Company em nome da United Lodge of Theosophists, e no site: https://blavatskytheosophy.com/theosophy-generally-stated/.

sempre foi ensinada por adeptos ou iniciados que a preservaram durante todo o tempo. Assim e de outras doutrinas demonstradas, mostra-se que o homem, sendo espírito e imortal, é capaz de perpetuar a sua vida e consciência reais, e isso tem acontecido durante todo o tempo nas pessoas daquelas flores superiores da raça humana que são membros de uma antiga e elevada fraternidade, a qual os relacionam com o desenvolvimento da alma do homem e é mantida por eles para agregar cada processo de evolução em todos os planos. Compelidos pela lei da evolução, os iniciados devem trabalhar com a humanidade tanto quanto permita o desenvolvimento dela. Portanto, de tempos em tempos, os iniciados repetem a mesma doutrina que, de novo e de novo, fica obscurecida em várias nações e lugares. Essa doutrina é a religião sabedoria, e eles são os guardiões dela. Às vezes, eles vêm para as nações na figura de grandes mestres e "salvadores", que apenas repromulgam as antigas verdades e o sistema de ética. Isto, portanto, assegura que a humanidade seja capaz de infinita perfeição tanto no tempo como em qualidade, sendo os salvadores e adeptos apresentados como exemplos dessa possibilidade.

Deste corpo vivo de homens perfeitos e atuantes presentemente, H. P. Blavatsky declarou que recebeu o impulso para mais uma vez apresentar as velhas ideias, e deles recebeu também várias chaves para compreensão das doutrinas antigas e modernas que haviam sido perdidas durante as lutas modernas em direção à civilização, bem como a ela foram passadas por eles algumas doutrinas realmente antigas, mas inteiramente novas para os dias atuais em qualquer forma exotérica. Estas doutrinas ela passou por escrito junto com outras chaves fornecidas por ela aos seus companheiros e ao mundo em geral. Acrescentadas, então, do testemunho encontrado nos registros de todas as nações, através dos tempos, temos essa afirmação moderna e explícita de que o antigo corpo de adeptos eruditos e humanitários ainda existe nesta Terra e ele se interessa pelo desenvolvimento da raça.

A Teosofia postula um princípio eterno chamado de desconhecido, que nunca pode ser conhecido exceto através de suas manifestações. Este princípio eterno é e está em todas as coisas e seres. Ele manifesta-se periódica e eternamente e afasta-se novamente da manifestação. Nesse fluxo e refluxo, a evolução prossegue, e ela mesma é o progresso da manifestação. O universo percebido é a manifestação deste desconhecido, que inclui espírito e matéria, pois a teosofia afirma que eles são apenas os dois polos opostos do princípio único desconhecido. Eles coexistem, não são separados nem separáveis um do outro, ou, como dizem as escrituras hindus, não há partícula de matéria sem espírito nem partícula de espírito sem matéria. Ao manifestar-se, a matéria-espírito diferencia-se em sete planos, cada um mais denso do que seu antecessor no caminho até o plano dos nossos sentidos, sendo a mesma a substância em tudo, diferindo apenas em grau. Portanto, a partir dessa visão, o universo inteiro está vivo, não havendo nenhum átomo dele que esteja morto em algum sentido. Também é consciente e inteligente, e sua consciência e inteligência estão presentes em todos os planos, embora obscurecidos neste. Neste nosso plano, o espírito concentra-se em todos os seres humanos que escolhem permitir isso, e a recusa em permiti-lo é a causa da ignorância, do pecado, de toda tristeza e sofrimento. Em todas as épocas, alguns chegaram a um estado elevado, tornaram-se como deuses, participam ativamente do trabalho da natureza e vão, de século a século, ampliando sua consciência e o escopo de seu domínio da natureza. Esse é o destino de todos os seres e, portanto, a teosofia postula, de pronto, essa perfectibilidade da raça, remove a ideia de iniquidade perversa inata e oferece um propósito e um objetivo para a vida que é consonante com os anseios da alma e com a sua real natureza, tendendo ao mesmo tempo a destruir o pessimismo e o seu companheiro, o desespero.

Na Teosofia, considera-se que o mundo é o produto da evolução do princípio de que se falou, desde as formas mais inferiores de vida guiadas por seres inteligentes e aperfeiçoados procedentes de outras evoluções mais antigas, e também compostas dos egos, ou espíritos individuais, para e por quem emanam. Por isso, o homem como o conhecemos é considerado um espírito consciente, a flor da evolução, com as outras classes inferiores de egos abaixo dele nos reinos inferiores;

todas, entretanto, crescendo e destinadas a estar um dia no mesmo estágio humano em que agora nos encontramos, quando nós então estaremos ainda mais elevados. A consciência do homem sendo assim mais perfeita é capaz de passar de um para outro dos planos de diferenciação mencionados. Se ele confunde qualquer um deles com a realidade que ele é em sua essência, está iludido. O objetivo da evoluçao é, então, dar-lhe autoconsciência completa, para que possa prosseguir para os estágios mais elevados do progresso do Universo. Sua evolução após chegar ao estágio humano, destina-se à obtenção de experiência para que a voz do espírito possa ser plenamente ouvida e compreendida e, assim, elevar e purificar os vários planos de matéria com os quais ele tem que lidar.

Ele é um ser religioso porque é um espírito encerrado na matéria, e é, por sua vez, espiritual em essência. Sendo um espírito, ele requer veículos com os quais possa entrar em contato com todos os planos da natureza incluídos na evolução, e são esses veículos que fazem dele um ser complexo e intrincado, sujeito a erros, mas, ao mesmo tempo, capaz de elevar-se acima todas as ilusões e conquistar o lugar mais alto. Ele é uma miniatura do universo, pois está, enquanto espírito, manifestando-se a si mesmo por meio de sete diferenciações. Portanto, é conhecido na teosofia como um ser sétuplo. A divisão cristã de corpo, alma e espírito é exata em certa extensão, mas não responde aos problemas da vida e da natureza, a menos que, como não é o caso, estas três divisões sejam compostas de outras, o que aumentaria o total possível para sete. O espírito está sozinho no topo, em seguida vem a alma espiritual, ou *buddhi*, como é chamada em sânscrito. Esta compartilha mais do espírito do que qualquer [princípio – NT] abaixo dela, e está conectado com *manas*, ou mente, sendo os três a verdadeira trindade do homem, a parte imperecível, a entidade pensante real que vive na Terra em outros veículos mais densos pela sua evolução. Abaixo, em ordem de qualidade, está o plano dos desejos e das paixões compartilhado com o reino animal, não inteligente, e o produtor da ignorância que flui da delusão. É distinto da vontade e do julgamento e, portanto, deve ser considerado seu lugar apropriado. Neste plano, a vida é grosseira, manifestando-se não como espírito do qual deriva sua essência, mas como energia e movimento neste plano. Sendo comum ao plano objetivo e estando em todo lugar, também deve ser classificado por si mesmo, a porção usada pelo homem que é abandonada na morte do corpo. Então, por último, antes do corpo objetivo, está o modelo, ou o duplo, do corpo físico externo. Esse duplo é o corpo astral pertencente ao plano astral da matéria, não tão denso quanto as moléculas físicas, mas mais tênue e muito mais forte, além de mais duradouro. É o modelo original do corpo que permite que as moléculas físicas se organizem e se apresentem, permitindo-lhes o ir e vir do dia-a-dia como elas sabem fazer, mas sempre mantendo a forma e o contorno fixos dados pelo duplo astral interior. Esses quatro princípios inferiores, ou revestimentos, são a parte perecível transitória do homem, não ele próprio, mas em todos os sentidos o instrumento que ele utiliza e abandona na hora da morte como um traje velho e reconstrói a partir do reservatório geral a cada novo nascimento. A trindade é o homem real, o pensador, a individualidade que passa de casa em casa, ganhando experiência a cada renascimento, enquanto sofre e sente prazer de acordo com seus atos, – é o homem central único, o espírito-alma vivo.

Agora este homem espiritual, tendo sempre existido, estando intimamente preocupado com a evolução, dominado pela lei de causa e efeito, porque em si mesmo é esta mesma lei, mostrando além disso neste plano variedade de força de caráter, capacidade e oportunidade, sua própria presença deve ser explicada, enquanto as diferenças observadas devem ser registradas. A doutrina da reencarnação faz tudo isso. Significa que o homem como um pensador, composto de alma, mente e espírito, ocupa corpo após corpo, vida após vida na Terra, que é o cenário de sua evolução e onde ele deve, sob as próprias leis de seu ser, completar aquela evolução, uma vez tenha sido iniciada. Em qualquer vida, ele é conhecido pelos outros como uma personalidade, mas, em toda a extensão da eternidade, ele é um indivíduo, sentindo em si uma identidade que não depende de nome, forma ou lembrança.

Essa doutrina é a base da teosofia, pois explica a vida e a

natureza. É um aspecto da evolução, pois traz em si o significado da reencarnação; e como a evolução não pode existir sem reencarnação, é a própria evolução aplicada à alma humana. Mas é também uma doutrina que tinha credibilidade na época de Jesus e era ensinada nas primeiras eras do cristianismo, sendo agora tão necessária àquela religião quanto a qualquer outra para explicar textos e reconciliar a justiça de Deus com o aspecto difícil e impiedoso da natureza e da vida para a maioria dos mortais e para lançar uma luz perceptível pela razão em todos os problemas que nos atormentam em nossa jornada por este mundo. A vasta e injusta (em qualquer doutrina) diferença entre o homem selvagem e o civilizado quanto à capacidade, caráter e oportunidade só pode ser entendida por meio desta doutrina e, considerando o nosso próprio estrato, as diferenças do mesmo tipo só podem ser assim explicadas. Ela defende Deus e a natureza, remove da religião o borrão lançado por homens que postularam credos que pintam o criador como um demônio. A vida e o caráter de cada homem são o resultado de suas vidas e pensamentos anteriores. Cada um é seu próprio juiz, seu próprio carrasco, pois é sua própria mão que forja a arma que será usada para sua punição, e cada um, por sua própria vida, alcança recompensa, eleva-se a alturas de conhecimento e poder para o bem de todos que podem ter sido deixados para atrás. Nada é deixado ao acaso, favor, ou parcialidade, mas tudo está sob o governo da Lei. O homem é um pensador e, por seus pensamentos, torna-se a causa da infelicidade ou da felicidade, pois que seus pensamentos produzem seus atos. Ele é o centro de qualquer perturbação da harmonia universal, e para ele, como o centro, a perturbação deve retornar de modo a trazer o equilíbrio, pois a natureza sempre trabalha para que se alcance a harmonia. O homem está sempre carregando uma série de pensamentos, que se estendem de volta ao passado remoto, continuamente agindo e reagindo. Ele é, portanto, responsável por todos os seus pensamentos e atos, estando estabelecida, assim, a sua completa responsabilidade. Seu próprio espírito é a essência dessa lei e estabelece uma compensação para cada perturbação e ajuste para todos os efeitos. Isso é a lei do carma ou justiça, chamada às vezes de lei da causação ética. Não é estranha às escrituras cristãs, pois Jesus e São Paulo claramente a enunciaram. Jesus disse que devemos ser julgados quando fizermos julgamento e que devemos receber na medida do que fizermos aos outros. São Paulo disse: "Irmãos, não se enganem, Deus não é escarnecido, porque tudo o que o homem semear, isso também ceifará." E aquele 'semear e colher' só pode ser possível sob as doutrinas do carma e da reencarnação.

Mas, e depois da morte? O céu é um lugar ou não é? Teosofia ensina, como pode ser encontrado em todos os livros sagrados, que, após a morte, a alma colhe um descanso. Isso é da sua própria natureza. É um pensador, e não pode, durante a vida, cumprir e realizar todos, nem mesmo uma pequena parte, das miríades de pensamentos distraídos. Por isso, quando na morte, lança fora o corpo e o corpo astral e é liberada das paixões e dos desejos, suas forças naturais têm influência imediata, e ela processa seus pensamentos no plano da alma vestida num corpo mais apurado para aquela existência. Essa existência é chamada *devachan*. É o próprio estado que sugeriu as descrições do céu comum a todas as religiões, mas essa doutrina está colocada muito claramente nas religiões budista e hindu. É um tempo de descanso porque, o corpo físico estando ausente, a consciência não está em contato mais completo com a natureza visível que é possível no plano material. Mas é uma existência real e não mais ilusória que a vida terrena; é onde a essência dos pensamentos da vida que eram tão elevados quanto o caráter permitia, expande-se e é colhida pela alma e pela mente. Quando a força desses pensamentos está totalmente esgotada, a alma é atraída mais uma vez para a Terra, para o ambiente que lhe seja suficientemente favorável para lhe proporcionar uma evolução adicional adequada. Essa alternância de estado para estado continua até que o ser se ergue a partir de experiências repetidas acima da ignorância e, então, realiza em si mesmo a unidade real de todos os seres espirituais. Depois, passa para patamares cada vez mais altos no caminho evolucionário.

Nenhuma nova ética é apresentada pela teosofia, uma vez que se considera que a ética correta é a mesma para sempre.

Mas, nas doutrinas teosóficas, encontram-se os fundamentos filosóficos razoáveis para a ética e a sua aplicação natural na prática. A fraternidade universal é aquela que resultará em fazer aos outros o que gostaria que se fizesse a você e amar o próximo como a si mesmo, declarado como certo por todos os instrutores das grandes religiões do mundo.

A ciência investiga a reencarnação

Por Regina Medina[71]

Ao longo do tempo, filósofos e religiosos investigam a razão da vida e seus mecanismos. É óbvio que diferenças impressionantes sempre marcaram as condições de vida dos seres do nascimento à morte. Por que tanta disparidade? Por que tanto sofrimento para uns e facilidades para outros? Seriam os seres humanos vítimas ou afetos de deuses voluntariosos? Esta foi uma antiga concepção dos antigos. Poderiam os deuses ser acalmados e atraídos para favorecer os humanos quando adulados (outra concepção)? Ou seríamos nós mesmos os responsáveis pelos acontecimentos que regem nossas vidas? Seríamos aprendizes de matérias necessárias a uma evolução? Essa pareceria uma conclusão mais justa e é o que a Índia ensina através do conceito de reencarnação e carma.

Apesar de muitas pessoas pensarem que carma é uma espécie de castigo, não é esse o significado real. Carma significa roda, símbolo que remete imediatamente a um símbolo do tempo e da vida em movimento. Ao girar, tece situações, ligações entre causas e efeitos. Consequentemente, se em algum momento há um novo direcionamento nas ações, alguma transformação fundamental, imediatamente poderá haver também, alguma mudança no efeito. A palavra carma, introduzida no ocidente pela teosofia, já está bastante disseminada, sendo conhecida até pelos que não aceitam essa lei

[71] Regina Medina Alves V. da Silva é a atual presidente da Loja Conde de Saint Germain da Sociedade Teosófica no Brasil.

como uma possibilidade. Entretanto, a real compreensão de seu significado ainda não é muito difundida, sendo geralmente compreendido como um tipo de castigo. E nessa roda cármica, uma vida não seria suficiente para dar conta das metas a serem atingidas; vindo daí a compreensão da necessidade de reencarnação como que interligada. Seria necessário um número maior de oportunidades para consertar os erros e aprender mais sobre a finalidade da vida.

O tema tem sido apresentado através de novelas televisivas e filmes, mas são as histórias verídicas de pessoas que mais impressionam. Um exemplo é o filme "Minha vida na outra vida", baseado em um livro autobiográfico. Jenny, uma arquiteta do interior dos Estados Unidos e com uma família estável, vivia atormentada por lembranças de um local, eventos e pessoas desconhecidas com as quais se identificava. Desenhou o local que via em sua mente e localizou-o através de pesquisa, na Irlanda. Descobriu que teria sido Mary, mulher que havia morrido após uma complicação pós-parto na década de 30. A pesquisa a leva à Irlanda, onde acabou por reencontrar os filhos, já idosos, dos quais a morte prematura a havia separado. A história traz detalhes tão impressionantes que seu filho mais velho não teve dificuldades em reconhecer sua mãe.

Mas a grande novidade é a notícia de que tais casos estão sendo seriamente investigados pela ciência que busca uma explicação para eles. Segundo informações através do jornal O Globo, dadas pelo psicólogo Jim Tucker, pesquisador da Universidade de Virgínia e que esteve no Rio para falar sobre o assunto na Sociedade de Estudos Espiritualistas em dezembro de 2014, esse trabalho iniciou-se com o Dr. Ian Stevenson, pesquisador da Divisão de Estudos da Percepção, da Universidade da Virgínia. Segundo ele, mais de vinte e cinco mil crianças foram investigadas nos últimos quinze anos. Esse fato é importantíssimo, pois a inclusão da ciência nesse processo investigativo certamente fará toda a diferença. Assim aconteceu no caso das "experiências de quase morte", ou EQM. Não trouxe conclusões definitivas, mas elaborou todo um processo comum a essas ocorrências, independentemente de lugar, cultura, religião ou sexo. Trouxe também uma abordagem mais respeitosa para com doentes terminais por parte das equipes médicas. Agora é a vez da reencarnação.

Após o trabalho sistemático iniciado na década de 1960 pelo Dr. Stevenson, outros psicólogos respeitáveis estudaram muitos casos sobre o assunto e deixaram estudos a respeito de crianças que relataram memórias de vidas passadas: Erlendur Haraldsson, professor emérito da Universidade da Islândia, em Reykjavik (25 casos no Sri Lanka), escreveu o artigo "Estudos de replicação de casos sugestivos de reencarnação por três investigadores independentes", publicado no Jornal da Sociedade Americana para a Pesquisa Psíquica, em 1994, o qual aponta uma continuidade dos estudos pelos pesquisadores Jurgen Keil (estudo de 60 casos na Birmânia, Tailândia e Turquia), Antonia Mills (38 casos no norte da Índia) e o próprio Haraldson (25 casos no Sri Lanka). Relata no artigo que "Em 80% dos 123 casos, foi identificada uma pessoa falecida que aparentemente correspondeu a algumas ou todas as declarações da criança. ... Em 51% dos 99 casos resolvidos, a pessoa que a criança alegou ser era desconhecida pela família da criança; em 33% era conhecida e em 16% era parente. Da amostra combinada de 123 casos, apenas um dos casos [um estudado de Mills] parecia estar na fronteira entre o engano consciente perpetrado e o autoengano."

Tal como no caso da americana Jenny, crianças até de lugares onde a reencarnação não faz parte da cultura local, começam a ter pesadelos, dizendo que querem voltar para casa, segundo o doutor Tucker. Com o tempo, começam a fornecer detalhes de sobre onde moraram, seus parentes e circunstâncias de morte. Um caso impressionante é o do menino James Leininger, que apresentava um conhecimento impressionante sobre aviões e que teve os primeiros pesadelos aos dois anos. Lembrava-se de que fora um piloto e de que sua aeronave havia sido abatida pelos japoneses em Iwo Jima, na Segunda Guerra. A história era rica em detalhes, ele descrevia um porta-aviões de nome Natoma Bay e do outro piloto que voava com ele. Apenas um homem morreu nesta operação e seu nome era James Huston. Outros sobreviventes confirmaram os detalhes contados pelo menino. A criança tinha obsessão por tipos de avião, falava sobre a mecânica dos mesmos e confundia a família, que nada tinha a ver com aeronáutica.

Casos como esses desafiam os que desprezam essa explicação filosófica. E por que acontece geralmente com crianças? Segundo tradições espiritualistas, estariam ainda muito ligadas aos planos sutis. Na maioria das vezes, tiveram mortes violentas ou simplesmente morreram ainda na infância. Casos em adultos são raros.

Tais ocorrências podem ter implicações muito complicadas, como em um caso recente de um menino de três anos, de etnia drusa, nascido nas Colinas de Golan (Golan Heights), próximo à fronteira de Israel com a Síria. Dizia seu nome anterior e contava que teria sido morto com uma machadada por um homem cujo nome repetia, e ainda dizia ser capaz de apontar o local em que fora enterrado. Os anciões da aldeia resolveram testar o garoto, dirigindo-se ao local mencionado como de sua outra vida. Encontraram um esqueleto com uma marca no mesmo local em que a criança tinha uma marca bastante aparente. Ele então apontou o local em que a arma do crime havia sido enterrada, o que levou a uma busca pelo tal homem, sumido há quatro anos do local do crime. Quando foi encontrado, ficou tão aturdido pela forma que fora descoberto, que confessou o crime. O caso está sendo analisado em processo criminal e é, no mínimo, surpreendente.

Conheci pessoalmente o caso de uma mae que perdera um filho em um acidente de carro, aos dez anos. Havia permitido que o menino viajasse com uma família de amigos para passar uns dias de férias fora e morreram todos. Perdido este filho único e depois separando-se do marido, casou-se de novo. Gerou um outro menino e quando a criança estava com dois anos, começou a narrar fatos que ocorreram com seu irmão morto, como se tivessem acontecido com ele mesmo. A mãe dizia ter certeza de que recebera o filho de volta.

E o que dizer de crianças talentosas, geniais, possuidoras de talentos raros e precoces, como aconteceu com Mozart e há tantos por aí?

Há muito a ser investigado e é imprescindível e louvável esse envolvimento da ciência com o estudo desses casos. Um fator tão importante para a vida humana pode gerar um maior compromisso diante da vida, pois se alguém tem a certeza de que é o único responsável pelo que cria e pelo que colhe, certamente terá mais responsabilidade e consciência na forma de agir diante da vida. O Dr. Tucker, em sua entrevista ao jornal O Globo, em 13 de dezembro de 2014, fala que "ficou convencido de que não existe apenas o mundo físico. Há também uma parte da consciência ligada a este mundo, mas também separada. Os casos que pesquisei trazem evidências de que memórias e emoções podem sobreviver ao corpo, e nossas mentes não são completamente dependentes do cérebro."

É o papel da ciência buscar várias respostas para o processo e o mais importante é a seriedade. Segundo o estudo, vinte e cinco por cento das crianças descrevem como ficaram próximas à família anterior durante o processo intermediário entre as duas vidas, algumas descrevem outros mundos e até o próprio funeral. Se tais fatos não indicam uma reencarnação, que outras hipóteses e alternativas poderão aparecer? Esse é um desafio para a ciência e pode ser uma prova para os que acreditam na reencarnação.

A maior de todas as guerras[72]

Por B. P. Wadia

Tradução: Edilson Almeida Pedrosa

B. P. Wadia.

Todas as disputas familiares, todas as lutas de classes, todas as guerras nacionais, todas as cruzadas religiosas são apenas ramificações da luta eterna entre o eu superior e o inferior do homem. Para o estudante do ocultismo, uma das primeiras lições a serem aprendidas é a compreensão do fato de que as batalhas no mundo exterior são apenas réplicas sombrias das que são travadas dentro de nós mesmos. O significado e a importância de guerras, pequenas e grandes, jamais serão perdidos enquanto essa grande verdade não for percebida. Guerras internacionais não se precipitariam se lutas de classe, ódios de credo, preconceitos de castas não existissem nas nações; a competição entre juventude e idosos, homem e mulher, não teria lugar numa sociedade se as relações familiares de ordem e espécie corretas subsistissem; e assim, alcançamos o indivíduo que está em guerra com seus vizinhos e parentes porque suas mãos guerreiam contra sua cabeça ou sua mente contra seu coração ou seu orgulho contra seus princípios.

Está constantemente acontecendo uma luta entre o nosso eu material e o espiritual. Os estudantes da teosofia aprendem

[72] Este artigo, intitulado originalmente *The Greatest of All Wars*, foi tirado do livro *Living the Life*, de B. P. Wadia (Theosophy Company Private Ltd., Bombay, Índia, 1962. Fonte: http://www.phx-ult-lodge.org/living_the_life.htm.

sobre a natureza dessa luta, e os mais reflexivos adquirem o conhecimento da força relativa dos combatentes e de suas respectivas fontes de recrutamento e recuperação enquanto a batalha persiste. Todos nós sabemos que o triunfo do espírito sobre a matéria, da sabedoria sobre a ignorância, do amor sobre o ódio deve fundamentalmente acontecer; mas essa compreensão teórica é de pouca utilidade enquanto o ódio estiver consumindo o amor ou abanando o fogo da luxúria em nossa própria natureza.

Não só existe uma luta constante acontecendo dentro de nós, mas somos aconselhados a mantê-la até que a vitória seja alcançada, até que a luz da sabedoria flua de nossos corações, dissipando as trevas da ignorância, até que o amor irradie de nossas mentes sua justiça e felicidade, revelando a ordem no meio do caos. Um coração iluminado, uma cabeça compassiva são as marcas do homem-espírito, superior, maior e mais nobre que o bom homem de mente inteligente e coração compassivo. É necessário estabelecer essa distinção entre o homem bom e o homem espiritual. Como aplicadores sérios dos ensinamentos teosóficos, deixamos para trás a vida de vício real e distinguimos entre ela e a vida superior. Somos capazes, no entanto, de confundir a vida de bondade negativa com a vida do espírito. "Não é suficiente que você dê o exemplo de uma vida pura e virtuosa e um espírito tolerante; isso é apenas bondade negativa e o *chelado* nunca fará", escreveu um mestre certa vez. Outra e bem maior que a bondade negativa é a espiritualidade positiva.

Nossas virtudes e nossos vícios nos tornam bons e maus. O equilíbrio pelo qual eles são controlados e resolvidos em faculdades de crescimento e serviço tem que ser alcançado para que a espiritualidade positiva consiga se manifestar. Assim como o amor humano é maior e superior à luxúria, e a luxúria pela constante autoalimentação não pode se tornar amor, também a espiritualidade divina é de uma qualidade mais profunda e rara que a bondade humana, que também, apenas aumentada, não dá nascimento à sabedoria-espírito. A diferença entre bom e mau é de qualidade; o abismo entre a bondade e a espiritualidade não é de mero grau.

Uma clara percepção intelectual desse fato é útil. Um soldado recebe um ímpeto adicional para lutar se entender teoricamente a natureza inerentemente viciosa de seu inimigo. Ele luta com mais coração se assimilar esse entendimento. Essa assimilação é um bem maravilhoso, sem a qual é quase impossível conseguir a vitória sobre nossa natureza inferior. A constância e firmeza tão necessárias para sustentar a luta nascem em nossos corações. Entender nossa filosofia pela mente não nos traz a vitalidade que a compreensão de coração concede. Assimilação de ensinamentos é uma frase muito comumente usada, mas seu significado psicológico não é tão geralmente sentido. Vamos entender pelo poder do coração a diferença vital entre o homem bom e o espiritual.

A luta entre o bom e o espiritual no mundo exterior está representada em nós pelo conflito de deveres. Há aqueles que fazem o trabalho obrigatório e não o sabem, pois neles nunca surgiu o conflito de deveres. As pessoas boas do mundo desprovidas de ideias sobre o crescimento da alma e o progresso espiritual vislumbram as verdades da vida melhor do que aquela em cujo universo pessoal ocorre um conflito de deveres. Só então surgem as perguntas desconcertantes: o que sou eu? e quais são as minhas relações com os outros? Uma boa mãe continuará a ser boa apenas até que as circunstâncias a obriguem a considerar a sabedoria ou insensatez de sua atitude em relação a seu próprio filho ou a justiça ou injustiça de sua atitude em relação aos filhos dos outros. Conflito de deveres abre uma visão do mundo do espírito.

Um equilíbrio adequado, firmado e sustentado entre deveres diferentes e conflitantes, transforma nossa bondade em espiritualidade. A vida superior consiste no ajuste correto de nossos diferentes deveres em um darma harmonizado, por intermédio do qual o patrimônio de nosso Ego se manifesta. Tudo e todos os seres têm seus respectivos patrimônios egoicos, dos quais alguns aspectos já se tornaram patentes, e outros ainda estão em condição de latência. Quando os aspectos latentes de nossa propriedade se manifestam, chocam-se comumente com aqueles que já encontraram expressão objetiva e, assim, surge o conflito de deveres. Nosso darma – uma grande palavra sobre a qual é necessário meditar – é o meio de nosso devir. Somos o que somos por causa do nosso darma; pelo cumprimento do darma nós crescemos, tornamo-nos diferentes do que somos. Aqui reside a base do crescimento interior: o conflito entre forças opostas e duradouras.

As forças espirituais perduram. Elas são superiores tanto às forças do mal quanto às do bem. A luta contra a nossa natureza inferior é frequentemente interpretada como uma luta contra as tendências viciosas. Nem sempre reconhecemos que sofremos com os defeitos de nossas qualidades – um obstáculo muito difícil de superar, porque, como regra, encontramos e inventamos desculpas para isso. Atos flagrantemente errados nós condenamos até em nós mesmos. Se, por propensão cármica ou por outras razões pertencentes ao domínio do oculto, precipitações malignas ocorrem em nossa vida cotidiana, somos capazes de reconhecê-las como tais. Temos decência suficiente em nós para perceber que o mal é o mal e o que é o mau comportamento. Mas há precipitações de virtudes exageradas e hábitos deformados, e é muito difícil ver esses exageros e más-formações. Conflitos de deveres teosóficos surgem em referência a isso, e o única força que pode nos salvar de errar é o entendimento do coração de nossa filosofia.

Em nossa ânsia de aprender as várias fases da filosofia, esquecemos às vezes que existe um método prático de realizar o próprio estudo. É claro que devemos possuir conhecimento adequado de nossos princípios e nossas proposições gerais, mas isso não deve impedir que empreendamos um estudo minucioso daqueles ensinamentos teosóficos específicos que nos dão respostas para nossos problemas pessoais e íntimos. Nós temos uma personalidade que está aprendendo os caminhos do impessoal. Tem tendências que desejamos demolir, e tem modos de expressão que desejamos mudar. Um homem sincero que queira viver a vida deve aprender a escolher dentre o vasto corpo de nossos ensinamentos aqueles específicos que o ajudarão e capacitarão em suas lutas contra o eu inferior. Todos os nossos problemas, sejam eles do ego ou da personalidade, do ser do espírito ou do eu [*self*] da matéria, têm suas soluções em nossa filosofia; as infinitas complexidades da mente e da moral são tratadas ali, e devemos procurar de maneira discriminada aquelas que são remédio para nossas doenças específicas.

A manutenção de uma luta constante contra nossa natureza inferior deveria ser um processo científico. Com muitos de nós é uma questão de sentimento. Um mero desejo de manter o corpo com saúde não o torna saudável, mas a compreensão científica e a aplicação das leis corporais se mostram eficazes e, assim, acontece com a saúde psíquica e espiritual. Um estudo especial sob esse ponto de vista pessoal elimina os obstáculos que os deveres conflitantes criam. Nossa natureza inferior é composta de vidas de menor grau de evolução. Nossos organismos da natureza superior são construídos de inteligências de um tipo mais elevado. Cada um está tentando manifestar sua respectiva propriedade: darma e, portanto, o eterno conflito.

Nossa natureza corpórea e sensual clama por sua própria existência; nossos sentimentos anseiam por expressar o próprio eu; nossas mentes sofrem os próprios tormentos de Tântalo quando refreamos e controlamos suas ânsias naturais. Esses constituintes do nosso eu inferior têm suas próprias características, e entre elas há uma furiosa guerra, como pode ser visto na insatisfação de personalidades completamente desprovidas de energização espiritual. Quando o fogo do eu superior, com sua razão compassiva, sua intuição iluminadora, sua força de vontade criativa, toca o eu inferior, grave descontentamento é então sentido. Quando o estudo e a prática da teosofia tornar a luta mais acirrada, não nos rendamos em depressão confusa; não nos esqueçamos das proposições presentes no problema ético do conflito de deveres.

Castas na Índia[73]

Por Damodar K. Mavalankar
Tradução: Edilson A. Pedrosa

Nenhum homem sincero e de coragem moral pode ler *Whitworth's Profession of Faith* (*A Profissão de Fé de Whitworth*), [*A Personal Statement of Religious Belief* é o título efetivo da brochura, segundo o Editor original] (*Uma Declaração Pessoal de Crença Religiosa*), do Sr. G. C, Whitworth, tal como revisado no *Theosophist* de abril de 1880, sem se sentir desafiado a ser digno do respeito de quem professa tais sentimentos honoráveis. Eu também sou chamado a fazer minha de-

[73] *Castes In India*, Adyar Pamphlet N° 6, reimpresso de *The Theosophist*, May 1880. Primeira Impressão em agosto de 1911 – reimpresso em out. 1919 por Theosophical Publishing House, Adyar, Chennai. India. http://www.theosophical.ca.

claração de crença pessoal. Em respeito à minha família e aos companheiros de casta, acho que eles devem saber porque eu deliberadamente abandonei minha casta e outras considerações mundanas. Se, a partir de agora, houver um abismo entre eles e eu, devo a mim mesmo declarar que essa alienação é de minha própria escolha, e não me afasto por má conduta. Eu ficaria feliz em levar comigo, se possível, para minha nova carreira, os votos afetuosos dos meus parentes. Mas, se isso não puder ser feito, devo suportar o descontentamento deles, como posso, pois estou obedecendo a uma convicção primordial do dever.

Eu nasci na família da casta Karâda Mahasrastra de brâmanes, como meu sobrenome indica. Meu pai educou-me cuidadosamente nos princípios de nossa religião e, além disso, deu-me todas as facilidades para adquirir uma educação em inglês. Desde os dez anos de idade até os catorze anos, eu me dedicava muito ao assunto da religião e, com grande ardor, às práticas religiosas ortodoxas. Depois minhas observâncias ritualísticas foram deixadas de lado pelos meus estudos escolásticos. Mas, até cerca de nove meses atrás, meus pensamentos e aspirações religiosos permaneceram inteiramente inalterados. Neste momento, tive a inestimável boa sorte de ler *Isis Unveiled* (Ísis sem Véu), uma chave para os mistérios da religião e da ciência antiga e moderna, e me juntar à Sociedade Teosófica. Não é exagero dizer que eu tenho sido um homem realmente vivo apenas nestes poucos meses, pois, entre a vida como me parece agora e a vida como a compreendia antes, há um abismo insondável. Sinto que agora, pela primeira vez, tenho um vislumbre do que o homem e a vida são, da natureza e dos poderes de um e das possibilidades, deveres e alegrias do outro. Antes, embora ardentemente ritualístico, eu não estava realmente desfrutando de felicidade e paz de espírito. Eu simplesmente pratiquei minha religião sem entendê-la. O mundo era tão duro para mim quanto para os outros, e eu não conseguia ter uma visão clara do futuro. A única coisa real para mim parecia a rotina do dia. Na melhor das hipóteses, o horizonte diante de mim se estendia apenas ao redor de uma vida agitada, com o desgaste do meu corpo e as cerimônias obsequiais que me eram prestadas por amigos. Minhas aspirações eram apenas por mais *zamindâries*,[74] posição social e gratificação de desejos e apetites. Mas minhas leituras e pensamentos posteriores mostraram-me que todas elas são apenas os vapores de um sonho e que só é digno de ser chamado homem aquele que tornou o capricho seu escravo e a perfeição de seu ser espiritual o grande objetivo de seus esforços. Como eu não podia desfrutar dessas convicções e da minha liberdade de ação dentro da minha casta, estou saindo dela.

Ao fazer esta profissão de fé, entenda-se que tomei este passo não porque sou teosofista, mas porque, ao estudar a teosofia, aprendi e ouvi falar do antigo esplendor e glória do meu país – a terra grandemente estimada de *Aryvarta* [o subcontinente indiano]. A adesão à Sociedade Teosófica não interfere nas relações sociais, políticas ou religiosas de qualquer pessoa. Todos têm o mesmo direito na Sociedade de manter suas opiniões. Longe de me convencer a fazer o que eu devo, Mme Blavatsky e o Coronel Olcott me encorajaram a esperar mais algum tempo, para que eu pudesse refletir mais. Mas o vislumbre que tenho tido da antiga grandeza de meu país faz-me sentir triste por sua degeneração. Sinto, portanto, meu dever dedicar todos os meus humildes poderes à sua restauração. Além disso, histórias de várias nações nos fornecem muitos exemplos de jovens que desistiram de tudo pela causa de seu país, tendo finalmente conseguido alcançar seus objetivos. Sem patriotas, nenhum país pode se erguer. Este sentimento de patriotismo cresceu gradualmente tão forte em mim que preparou agora minha mente para dedicar cada consideração pessoal sob meus pés à causa da minha pátria. Nisso, eu não sou nem revolucionário nem político, mas simplesmente um defensor da boa moral e dos princípios praticados nos tempos antigos. O estudo da teosofia lançou uma luz sobre mim em relação ao meu país, minha religião, meu dever. Eu me tornei melhor ariano do que jamais fui. Também ouvi meus irmãos pârsis dizerem que eles passaram a ser melhores zoroastristas desde que se juntaram à Sociedade Teosófica. Eu também

[74] Provável referência ao zamindari, o sistema de posse da terra e coleta de receita por zamindars.

vi os budistas escreverem frequentemente para a Sociedade que o estudo da teosofia lhes permitiu apreciar mais sua religião. E assim este estudo faz com que cada homem respeite mais a sua religião. Fornece-lhe uma visão que pode superar a letra morta para ver claramente o espírito. Ele pode ler todos os seus livros religiosos nas entrelinhas. Se vemos todas as religiões em seu sentido popular, elas parecem fortemente antagônicas em vários detalhes. Nenhuma concorda com a outra. E, além do mais, os representantes dessas fés dizem que o estudo da teosofia explica a eles tudo o que foi dito em sua religião e os faz sentir o maior respeito por ela. Portanto, deve haver um terreno comum no qual todos os sistemas religiosos sejam construídos. E este fundamento, que está no íntimo de tudo, é a verdade. Pode haver apenas uma verdade absoluta, mas pessoas diferentes têm diferentes percepções desta verdade. E esta verdade é moralidade. Se separarmos os dogmas que se grudam nos princípios estabelecidos em qualquer religião, descobriremos que a moralidade é pregada em cada um delas. Por religião, não me refiro a todas as seitas menores que prevalecem numa extensão inumerável em todo o mundo, mas às principais de onde surgiram estas diferentes seitas. Portanto, é apropriado que cada pessoa respeite os princípios da moralidade. E, de acordo com eles, considero dever de cada homem fazer o que puder para tornar o mundo melhor e mais feliz. Isso pode proceder de um amor pela humanidade. Mas como pode um homem amar toda a humanidade se ele não tem amor pelos seus compatriotas? Pode amar o todo quem não ama uma parte? Se eu, portanto, desejar colocar meus humildes serviços à disposição do mundo, primeiro devo começar trabalhando para o meu país. E isso eu não poderia fazer permanecendo na minha casta. Descobri que, em vez de amar seus compatriotas, a observância da distinção de castas leva a odiar até mesmo seu vizinho porque ele é de outra casta. Eu não suportaria essa injustiça. Que culpa tem alguém por nascer em uma casta em particular? Eu respeito um homem por suas qualidades e não por seu nascimento. Isso quer dizer, aos meus olhos, que o homem é superior quando seu eu interior tenha sido desenvolvido ou está em estado de desenvolvimento. Este corpo, riqueza, amigos, relações e demais prazeres mundanos que os homens mantêm perto e queridos em seus corações devem morrer mais cedo ou mais tarde. Mas o registro de nossas ações permanece para sempre, devendo ser passado de geração em geração. Nossas ações devem ser, portanto, tais que nos tornem dignas de nossa existência neste mundo, enquanto estivermos aqui e depois da morte. Eu não pude fazer isso observando os costumes da casta. Isso me tornou egoísta e desatento às exigências dos meus irmãos. Eu sopesava todas essas circunstâncias em minha mente, e descobri que eu acreditava em casta como necessidade religiosa não mais do que na palmeira gerando mangas. Vi que, se não fosse por essa distinção, a Índia não teria sido tão degradada, pois essa distinção gerou ódio entre seus filhos. Isso os fez odiar e brigar um com o outro. A paz da Terra foi perturbada. As pessoas não podiam se unir entre si para bons propósitos. Elas travaram guerra umas com os outras, em vez de dedicar todas as suas energias combinadas à causa de melhorar a condição do país. O fundamento da imoralidade foi assim estabelecido, até que chegou agora a um ponto tão baixo que, a menos que esse dano seja interrompido, os pilares cambaleantes da Índia logo cederão. Eu não posso culpar meus ancestrais que originalmente instituíram esse sistema. Para mim, o objetivo deles parecia ser bem diferente. Foi baseado, em minha opinião, nas qualidades de cada pessoa. A casta não era, então, hereditária como é agora. Isto pode ser visto em vários livros antigos que estão cheios de exemplos nos quais os *kshattrias* e até os mâhars e os chambârs, que são considerados os mais baixos de todos, não apenas foram estabelecidos e considerados como brâmanes, mas quase adorados como semideuses simplesmente por suas qualidades. Se esse é o caso, por que devemos nos ater ainda a esse costume que agora achamos não apenas impraticável, mas prejudicial? Mais uma vez vi que, se eu observasse externamente aquilo em que realmente não acreditava internamente, estava praticando a hipocrisia. Descobri que estava me tornando um escravo, por não desfrutar da liberdade de consciência; eu estava agindo assim imoralmente. Mas a teosofia havia me ensinado que, para gozar de paz de espírito e autorrespeito, devo ser honesto, sincero, pacífico e considerar todos os homens igualmente meus irmãos, independentemente de casta, cor, raça ou credo. Isso, eu vejo, é uma parte essencial da religião. Eu devo tentar colocar esses problemas teóricos em prática. Essas são as convicções que finalmente me tiraram da minha casta.

Gostaria, ao mesmo tempo, de pedir aos meus compatriotas, àqueles que são da minha opinião, que ousem se revelar corajosamente para o seu país. Entendo os aparentes sacrifícios que se deve fazer ao se adotar tal curso, pois eu mesmo tive que fazê-los; mas estes são sacrifícios apenas aos olhos de quem cuida deste mundo da matéria. Quando um homem, uma vez que se libertou dessa consideração, e quando o senso de dever que ele tem para com o seu país e para consigo mesmo reina primordialmente em seu coração, estes não são absolutamente sacrifícios para ele. Deixemos, portanto, de lado essa distinção que nos separa uns dos outros, unamo-nos num acordo comum e combinemos todas as nossas energias para o bem de nosso país.

Vamos nos conscientizar de que somos arianos e provar que somos dignos de nossos ancestrais. Podem dizer que estou fazendo um sacrifício tolo e inútil; que me isolo de todas as relações sociais e até me arrisco a perder o descarte digno de meu corpo por aqueles sobre os quais nossos costumes impõem esse dever; e que ninguém, além de um visionário, imaginaria que ele, mesmo que fosse o mais importante entre os brâmanes, poderia restaurar a grandeza de seu país e a iluminação de uma nação inteira, tão grande quanto a nossa. Mas esses são os argumentos do egoísmo e da covardia moral. Homens singulares já salvaram nações antes e, embora minha vaidade não me faça sonhar que um resultado tão glorioso esteja dentro de meu humilde alcance, ainda assim um bom exemplo nunca é sem valor e pode ser criado até mesmo pelos mais insignificantes. Certo é que, sem exemplos e autossacrifícios, não pode haver reforma. O mundo, a meu ver, impõe-me um dever, e penso que a mais poderosa e a única causa permanente de felicidade é a consciência de que estou tentando cumprir esse dever.

Eu gostaria que isso fosse entendido – caso o precedente não tenha deixado isso perfeitamente claro – que eu não me tornei nem materialista nem cristão. Eu sou um ariano na religião como em tudo o mais, sigo o Veda e acredito que ele seja o pai de todas as religiões entre os homens. Assim como a teosofia explica as religiões humanas secundárias, também deixa claro o significado do Veda. Os ensinamentos dos *rishis* adquirem um novo esplendor e majestade, e eu os reverencio cem vezes mais do que antes.

Ação psíquica e noética[75]

Por H. P. Blavatsky
Tradução: Edilson A. Pedrosa

H. P. Blavatsky.

... Fiz o homem justo e correto,
Suficiente para ficar de pé, embora livre para cair,
Assim criei também todos os poderes etéreos
E espíritos, os que permaneceram e os que falharam,
Verdadeiramente, permaneceram os que permaneceram e caíram os que caíram...

Milton

[75] *Psychic And Noetic Action*, artigo publicado originalmente na revista Lucifer de outubro [Parte 1] e novembro [Parte 2] de 1890 e republicado em Theosophical Siftings – Vol. 6, em 1893/4.

A suposição de que a mente é um ser real que pode atuar sobre cérebro e o corpo através do cérebro é a única compatível com todos os fatos da experiência.

George T. Ladd, em *Elements of Physiological Psychology*

Parte 1

Uma nova influência, um sopro, um som, "como um vento impetuoso", varreu subitamente algumas cabeças teosóficas. Uma ideia, inicialmente vaga, cresceu no tempo numa forma bem definida e agora parece estar trabalhando muito ativamente nas mentes de alguns de nossos membros. É isto: se adaptássemos os poucos ensinamentos ex-ocultos que estão destinados a ver a luz da publicidade, eles seriam doravante mais subservientes, senão inteiramente, à ciência moderna. Ressalte-se que o assim chamado esotérico [dizemos "assim chamado" porque nada do que foi anunciado publicamente ou pela imprensa pode ser chamado de esotérico (ou esotérico tardio)], cosmogonia, antropologia, etnologia, geologia – a psicologia e, acima de tudo, a metafísica, – uma vez adaptado ao pensamento moderno (portanto materialista), jamais poderia estar em contradição (não abertamente, em todos os casos) com a "filosofia científica". Esta, supomos, representa as visões fundamentais e aceitas das grandes escolas alemãs ou do Sr. Herbert Spencer e algumas outras estrelas inglesas de menor magnitude. E não somente estas escolas, mas também as deduções que podem ser tiradas delas por seus discípulos mais ou menos instruídos.

Um grande empreendimento esse, verdadeiramente; e, além disso, em perfeita conformidade com a política dos casuístas medievais, que distorciam a verdade e até a suprimiam, se colidisse com a revelação divina. Inútil dizer que recusamos o compromisso. É bem possível (não, provável e quase inevitável) que "os erros cometidos" na interpretação de tais princípios metafísicos abstrusos, como os contidos no ocultismo oriental, sejam "frequentes e muitas vezes importantes". Mas então tudo isso tem que ser rastreado até os intérpretes, não ao próprio sistema. Eles têm que ser corrigidos com base na autoridade da mesma doutrina, verificada pelos ensinamentos cultivados no solo rico e estável de *gupta vidya*, não pelas especulações que florescem hoje para morrer amanhã – nas areias movediças da adivinhação científica moderna, especialmente em tudo que se relaciona com a psicologia e os fenômenos mentais. Sustentando o nosso lema, "não há religião superior à verdade", nós nos recusamos decididamente a adular a ciência física. No entanto, podemos dizer o seguinte: se as chamadas ciências exatas limitassem sua atividade apenas ao domínio físico da natureza; se elas se preocupassem estritamente com a cirurgia, a química – até seus limites legítimos e com a fisiologia – na medida em que esta se relaciona com a estrutura corporal, os ocultistas seriam os primeiros a procurar ajuda nas ciências modernas, por mais numerosos que fossem seus erros e enganos.

Mas, uma vez que, ultrapassando a natureza material, os fisiologistas da moderna escola "animalística"[76] tem a intenção de interferir com, e apresentar *ex cathedra dicta*, as funções e fenômenos superiores da mente, dizendo que uma análise cuidadosa os leva a uma firme convicção de que o homem (que não mais do que o animal) é um livre agente, longe de ser responsável; então, o ocultista tem um direito muito maior do que o "idealista" médio moderno de protestar. E o ocultista afirma que nenhum materialista (na melhor das hipóteses, uma testemunha unilateral e preconceituosa) pode reivindicar qualquer autoridade na questão da fisiologia mental, ou aquilo que agora é chamado por ele de fisiologia da alma. Nenhum nome pode ser aplicado à palavra "alma", a menos que, de fato, se entenda por alma apenas a mente psíquica inferior, ou aquela que se desenvolve no homem (proporcionalmente

[76] "Animalismo" é uma palavra bastante apropriada para ser usada (pouco importa quem a inventou) em contraposição ao termo "animismo" do Sr. Tylor, aplicado a todas as "raças inferiores" da humanidade que acreditam que a alma é uma entidade distinta. Ele acha que as palavras *psyche*, *pneuma animus*, *spiritus* etc. pertencem ao mesmo ciclo de superstição nos "estágios inferiores da cultura", no que é acompanhado pelo professor A. Bain que apelida todas essas distinções de "pluralidade de almas" e "materialismo duplo". Isso é ainda mais curioso na medida em que o eminente autor de *Mind and Body* (Mente e Corpo) fala com desprezo do "materialismo" de Darwin em *Zoonomia*, onde o fundador da evolução moderna define essa palavra-ideia como "parte de um movimento, ou configuração das fibras que constituem o órgão imediato de sentido" (*Mind and Body*, p. 190).

à perfeição de seu cérebro) como intelecto e, no animal, como um instinto superior. Mas desde que o grande Charles Darwin ensinou que "nossas ideias são movimentos animais do órgão dos sentidos" tudo se torna possível para o fisiologista moderno.

Assim, para grande aflição de nossos confrades cientificamente inclinados, é mais uma vez o dever de Lúcifer[77] mostrar até que ponto estamos em desacordo com a ciência exata, ou diremos, até onde as conclusões desta ciência estão se afastando da verdade e do fato. Por "ciência" queremos dizer, claro, a maioria dos homens da ciência; a melhor minoria, ficamos felizes em dizer, está do nosso lado, pelo menos no que diz respeito ao livre arbítrio do homem e à relevância da mente. O estudo da "fisiologia" da alma, da vontade no homem e de sua consciência superior, do ponto de vista do gênio e de suas faculdades manifestantes, nunca pode ser resumido em um sistema de ideias gerais representadas por fórmulas simples; da mesma forma que a psicologia da natureza material não pode ter seus múltiplos mistérios resolvidos pela mera análise de seus fenômenos físicos. Não existe nenhum órgão especial responsável pela vontade, mais do que haja uma base física para as atividades da autoconsciência.

> Quando se insiste na questão da base física para as atividades de autoconsciência, nenhuma resposta pode ser dada ou sugerida... Pela própria natureza, esse maravilhoso ato de verificação em que ela reconhece os seus próprios estados, não pode haver substrato material análogo ou correspondente. É impossível especificar qualquer processo fisiológico que represente esse ato unificador; é até mesmo impossível imaginar como a descrição de qualquer processo semelhante poderia ser relacionado intelegivelmente com esse poder mental singular. [*Physiological Psychology* etc., p. 545, por George T. Ladd, professor de filosofia na Universidade de Yale].

Destarte, um conclave de psicofisiologistas pode ser desafiado a definir corretamente a consciência, e ele certamente falhará, porque a autoconsciência pertence só ao homem e

[77] Revista teosófica criada por Blavatsky – NT.

procede do Eu [*Self*], o manas superior. Apenas, considerando que o elemento psíquico (ou *kama-manas*)[78] é comum tanto ao animal quanto ao ser humano (o grau muito mais alto de desenvolvimento no último repousa meramente na maior perfeição e sensibilidade de suas células cerebrais), nenhum fisiologista, nem mesmo o mais esperto, jamais será capaz de resolver o mistério da mente humana em sua mais alta manifestação espiritual ou em seu aspecto dual do psíquico e noético (ou o manásico)[79] ou mesmo compreender os meandros do primeiro no plano puramente material – a menos que saiba alguma coisa e esteja preparado para admitir a presença desse elemento dual. Isso significa que ele teria que admitir uma mente inferior (animal) e uma superior (divina) no homem, ou o que é conhecido no ocultismo como o ego "pessoal" e o "impessoal". Pois, entre o psíquico e o noético, entre a personalidade e a individualidade, existe o mesmo abismo que entre um "Jack estripador" e um Buda sagrado. A menos que o fisiologista aceite tudo isso, dizemos, ele será levado sempre a um atoleiro. Nós pretendemos provar isso.

Como todos sabem, a grande maioria dos nossos eruditos "*didymi*" rejeita a ideia do livre-arbítrio. Essa questão é um problema que ocupa as mentes dos pensadores há séculos; todas as escolas de pensamento, por sua vez, levaram-na em consideração para depois, como sempre, a abandonarem sem terem encontrado uma solução. E, no entanto, colocados como estão nas primeiras fileiras dos dilemas filosóficos, os modernos "psicofisiologistas" reivindicam da maneira mais fria e arrogante ter cortado o nó górdio para sempre. Para eles, o sentimento de ação livre pessoal é um erro, uma ilusão, "a alucinação coletiva da humanidade". Essa convicção parte do princípio de que nenhuma atividade mental seja possível sem um cérebro e que não pode haver cérebro sem um corpo. Como o corpo está, além disso, sujeito às leis gerais de um mundo material, onde tudo é baseado na necessidade e onde não há espontaneidade, nosso psicofisiologista moderno tem

[78] Ou o que os cabalistas chamam de nephesh, o "sopro da vida".

[79] A palavra sânscrita *manas* (mente) é usada por nós de preferência ao grego *nous* (noético) porque a última palavra foi tão mal compreendida na filosofia que não sugere nenhum significado definido.

nolens volens de repudiar qualquer autoespontaneidade na ação humana. Aqui temos, por exemplo, um professor de fisiologia de Lausanne, A. A. Herzen, para quem a reivindicação de livre-arbítrio no homem aparece como o mais absurdo não cientismo. Diz esse oráculo:

> No ilimitado laboratório físico e químico que envolve o homem, a vida orgânica representa um grupo de fenômenos sem importância; e entre os últimos, o lugar ocupado pela vida que alcançou o estágio da consciência é tão pequeno que é absurdo excluir o homem da esfera de ação de uma lei geral, que lhe permitiria a existência de uma espontaneidade subjetiva, ou um livre arbítrio, que o coloca fora do alcance desta lei. (*Psychophysiologie Générale*).

Para o ocultista que conhece a diferença entre os elementos psíquicos e noéticos no homem, isso é puro lixo, não obstante a sua sólida base científica. Pois quando o autor indaga se os fenômenos psíquicos não representam os resultados de uma ação de caráter molecular, então, para onde vai o movimento depois de atingir os centros sensoriais? Respondemos que nunca negamos o fato. Mas o que isso tem a ver com o livre arbítrio? Que todo fenômeno no Universo visível tem sua gênese no movimento é um antigo axioma no ocultismo; nem duvidamos que o psicofisiologista se colocaria em oposição a um conclave de cientistas exatos se admitisse a ideia de que, num dado momento, toda uma série de fenômenos físicos pudesse desaparecer no vácuo. Portanto, quando o autor do trabalho citado sustenta que a dita força não desaparece ao atingir os centros nervosos mais elevados, mas que é imediatamente transformada em outra série, a saber, a das manifestações psíquicas, em pensamento, sentimento e consciência, assim como essa mesma força psíquica, quando é aplicada para produzir algum trabalho de caráter físico (por exemplo, muscular), transforma-se no último, o ocultismo o apoia, pois é o primeiro a dizer que toda atividade psíquica, das mais baixas até as mais altas manifestações, "nada mais é que movimento".

Sim; é movimento; mas nem tudo movimento "molecular", como o escritor nos leva a inferir. O movimento tal como o Grande Sopro[80] – portanto, "som" ao mesmo tempo – é o substrato do movimento cósmico. É sem começo ou fim, a vida eterna una, a base e a gênese do universo subjetivo e objetivo; pois a Vida (ou Seidade) é a *fons et origo* da existência, ou do ser. Mas o movimento molecular é a mais baixa e material de suas manifestações finitas. E, se a lei geral da conservação da energia leva a ciência moderna à conclusão de que a atividade psíquica representa apenas uma forma especial de movimento, esta mesma lei, guiando os ocultistas, leva-os também à mesma convicção – e a outra coisa, além disso, que a psicofisiologia coloca inteiramente fora de qualquer consideração. Se a última descobriu apenas neste século que a ação psíquica (dizemos até mesmo espiritual) está sujeita às mesmas leis gerais e imutáveis do movimento que qualquer outro fenômeno manifestado no reino objetivo do cosmos, e que em ambos os mundos orgânico e inorgânico (?) toda manifestação, consciente ou inconsciente, representa apenas o resultado de uma coletividade de causas, então em filosofia oculta isso representa apenas o ABC de sua ciência. "Todo o mundo está em *Swara*, *Swara* é o próprio Espírito – a Vida Uma, ou movimento", dizem os antigos livros da filosofia ocultista hindu. "A tradução correta da palavra *Swara* é a corrente da onda de vida", diz o autor de *Nature's Finer Forces* (Forças mais Puras da Natureza),[81] e ele prossegue explicando:

> É esse movimento ondulatório a causa da evolução da matéria cósmica indiferenciada no universo diferenciado... De onde vem este movimento? Ele é o próprio espírito. A palavra *atma* (alma universal) usada no livro (vide citação infra), ela mesmo traz em si a ideia de movimento eterno, vindo da raiz At, ou movimento eterno, podendo ser significativamente notado que a raiz At está conectada

[80] Vide *A Doutrina Secreta*, sub você.

[81] *The Theosophist*, fevereiro de 1888, p. 275, por Rama Prasad, presidente da Sociedade Teosófica Meerut. Como o livro oculto citado por ele diz: "Foi *Swara* que deu forma às primeiras acumulações das divisões do universo; *Swara* causa evolução e involução; *Swara* é Deus, ou mais propriamente o Grande Poder em si (Maheshwara). *Swara* é a manifestação da impressão sobre a matéria daquele poder que no homem é conhecido como o poder que se conhece (consciência mental e psíquica. Deve-se compreender que a ação deste poder nunca cessa... É a existência imutável – e este é o "Movimento" dos cientistas e o 'sopro de vida universal' dos ocultistas.

> com as raízes Ah, respiração e As, sendo de fato simplesmente outra forma delas. Todas estas raízes têm como origem o som produzido pelo sopro dos animais (seres vivos)... A corrente primitiva da onda de vida é então a mesma que assume no homem a forma de movimento inspiratório e expiatório dos pulmões, e essa é a fonte onipresente da evolução e involução do universo...

Eras antes do nascimento da moderna ciência indutiva e exata, já havia muita coisa escrita e ensinada sobre o movimento e a "conservação de energia" em livros antigos sobre magia. Pois não há nesta última nada a mais que não haja sido falado naqueles livros, como, por exemplo, sobre o mecanismo animal, quando diz:

> Do átomo visível ao corpo celeste perdido no espaço, tudo está sujeito ao movimento... mantidas a uma distância definida uma do outra, proporcionalmente ao movimento que as anima, as moléculas apresentam relações constantes, as quais perdem apenas pela adição ou subtração de uma certa quantidade de movimento.[82]

Mas o ocultismo diz mais que isso. Ao fazer do movimento no plano material e da conservação da energia duas leis fundamentais, ou melhor, dois aspectos da mesma lei onipresente, *Swara*, o ocultismo nega categoricamente que estas leis tenham algo a ver com o livre arbítrio do homem, que pertence a um plano bem diferente. O autor de *Psychophysiologie Générale*, quando trata de sua descoberta de que a ação psíquica é apenas o movimento e resultado de uma porção de causas – observa que, em sendo assim, não pode haver mais discussão sobre a espontaneidade – no sentido de qualquer propensão interna inata criada pelo organismo humano; e acrescenta que o acima põe fim a toda reivindicação de livre-arbítrio! O ocultista nega a conclusão. O fato real da individualidade psíquica (digamos, *manásica* ou noética) do homem é uma garantia suficiente contra a hipótese; pois, no caso de esta conclusão estar correta ou ser, de fato, como o

[82] *Animal Mechanism*, um tratado sobre locomoção terrestre e aérea, por E. J. Marey, professor do Universidade da França e membro da Academia de Medicina.

autor a expressa, a alucinação coletiva de toda a humanidade através dos tempos, haveria um fim também para a individualidade psíquica.

Agora, por individualidade "psíquica" queremos dizer o poder autodeterminante que permite ao homem superar as circunstâncias. Coloque meia dúzia de animais da mesma espécie nas mesmas circunstâncias, e as suas ações, embora não venham a ser idênticas, serão muito parecidas; coloque meia dúzia de homens sob as mesmas circunstâncias, e as suas ações serão tão diferentes quanto as suas personalidades, ou seja, a individualidade psíquica.

Mas, se em vez de "psíquica" a chamarmos de vontade autoconsciente superior, então, tendo sido demonstrado pela própria ciência da psicofisiologia que a vontade não tem um órgão especial, como os materialistas vão relacioná-la com o movimento "molecular"? Como o professor George T. Ladd diz:

> Os fenômenos da consciência humana devem ser considerados, de alguma outra forma, como atividades do ser real e não como moléculas em movimento do cérebro. Eles requerem um sujeito ou base que é, em sua natureza, diferente das gorduras fosforizadas das massas centrais, das fibras nervosas agregadas das células nervosas do córtex cerebral. Este ser real que se manifesta imediatamente nos fenômenos da consciência e indiretamente, para os outros, através das mudanças corporais é a mente (*manas*). A ela os fenômenos mentais devem ser atribuídos como se mostrasse o que é por aquilo que faz. As chamadas "faculdades" mentais são apenas os modos de comportamento na consciência desse ser real. Nós realmente descobrimos, pelo único método disponível, que esse ser real chamado mente acredita em certos modos perpetuamente recorrentes: portanto, atribuímos a ela certas faculdades... As faculdades mentais não são entidades que têm existência própria... Elas são os modos de comportamento da mente na consciência. A própria natureza dos atos classificatórios que as levam a ser distinguidas é explicável apenas com base na suposição de que um ser real chamado mente

> existe e deve ser diferenciado dos seres reais conhecidos como moléculas físicas da massa nervosa do cérebro.[83]

E tendo mostrado que temos que considerar a consciência como uma unidade (outra proposição oculta), o autor acrescenta:

> Concluímos, então, das considerações anteriores: o sujeito de todos os estados de consciência é um ser unitário real chamado mente, que é de natureza não material e age e se desenvolve de acordo com leis próprias, mas está especialmente correlacionado com certas moléculas materiais e massas que formam a substância do cérebro.[84]

Essa "mente" é *manas*, ou melhor, sua reflexão inferior que, quando separada de *kama* por algum tempo torna-se o guia das mais elevadas faculdades mentais e é o órgão do livre-arbítrio do homem físico. Portanto, essa suposição da mais recente psicofisiologia é inoportuna, e a aparente impossibilidade de conciliar-se a existência do livre-arbítrio com a lei da conservação da energia é uma pura falácia. Isso foi bem demonstrado nas *Scientific Letters* (Cartas Científicas) de Elpay em uma crítica ao trabalho. Mas, para provar isso finalmente e pacificar essa questão, não se requer nem ao menos uma interferência tão alta (alta para nós, naturalmente) quanto a das leis ocultas, mas simplesmente um pouco de senso comum. Vamos analisar a questão desapaixonadamente.

É postulado por um homem, presumivelmente um cientista, que em virtude de "a ação psíquica encontrar-se sujeita às leis gerais e imutáveis do movimento, não há, portanto, livre arbítrio no homem". O "método analítico das ciências exatas" demonstrou isso, e os cientistas materialistas decretaram "aprovar a resolução" de que o fato deveria ser aceito por seus seguidores. Mas existem outros e muito maiores

[83] O *manas* superior" ou "Ego" (*Kshetrâjna*) é o "Espectador Silencioso" e a "vítima sacrificial" voluntária: o *manas* inferior, seu representante - um déspota tirânico, verdadeiramente.

[84] *Elements of Physiological Psychology .A treatise of the activities and nature of the mind, from the Physical and Experimental Point of View*, pp. 606 e 613 (Elementos de Psicologia Fisiológica. Um Tratado das Atividades e Natureza da Mente, do Ponto de Vista Físico e Experimental).

cientistas que pensavam de forma diferente. Por exemplo, Sir William Lawrence, o eminente cirurgião, declarou em suas palestras que:

> A doutrina filosófica da alma e de sua existência separada não tem nada a ver com essa questão fisiológica, mas repousa sobre uma espécie de prova completamente diferente. Esses dogmas sublimes nunca poderiam ter sido trazidos à luz pelos trabalhos de anatomistas e fisiologistas. Um ser imaterial e espiritual não poderia ter sido descoberto em meio ao sangue e sujeira da sala de dissecação.[85]

Ora, vamos examinar, no testemunho do materialista, como este solvente universal chamado "método analítico" é aplicado nesse caso especial. O autor da ***Psychophysiologie*** decompõe a atividade psíquica em seus elementos compostos, remonta-os ao movimento e, não encontrando neles o menor traço de livre-arbítrio, ou espontaneidade, salta à conclusão de que esta não têm existência em geral nem pode ser encontrada naquela atividade psíquica que ele acabou de decompor. "Não é autoevidente a falácia e o erro de tal processo não científico?" pergunta seu crítico e, então, argumenta muito corretamente que:

> Nesse ritmo e partindo do ponto de vista desse método analítico, ter-se-ia o mesmo direito de negar todos os fenômenos da natureza, do primeiro ao último. Pois, som e luz, calor e eletricidade, como todos os outros processos químicos, uma vez decomposto em seus respectivos elementos, não levam o experimentador de volta ao mesmo movimento, onde todas as peculiaridades dos elementos dados desaparecem, deixando para trás apenas "as vibrações das moléculas"? Mas, será que isso significa necessariamente que calor, luz, eletricidade são apenas ilusões em vez das manifestações reais das peculiaridades do nosso mundo real? Tais peculiaridades não são, é claro, encontradas em elementos decompostos, simplesmente porque não podemos

[85] W. Lawrence, Lectures on Comparative Anatomy, Physiology. Zoology, and the Natural History of Man (*Palestras sobre Anatomia Comparada, Fisiologia. Zoologia e a História Natural do Homem*). 8 vo. Londres, 1848, página 6].

> esperar que uma parte deva conter, da primeira à última, as propriedades do todo. O que deveríamos dizer de um químico que, tendo decomposto a água em seus elementos, hidrogênio e oxigênio, sem encontrar neles as características especiais da água, afirmasse que ela não existe absolutamente e nem os compostos poderiam ser encontrados na água? E quanto a um antiquário que, examinando tipos distintos e não encontrando significado em cada letra separada, afirmasse que não havia sentido em qualquer documento impresso? E o autor de *Psycho-physiology* não age dessa maneira quando nega a existência do livre-arbítrio, ou da autoespontaneidade própria no homem, sob o argumento de que essa faculdade distintiva da mais alta atividade psíquica está ausente nos elementos decompostos que ele analisou?

Inegavelmente, não se pode esperar que nenhum pedaço separado de tijolo, madeira ou ferro, que tenha sido uma vez parte de um edifício agora em ruínas, possa preservar o menor vestígio da arquitetura daquela edificação – pelo menos nas mãos do químico; embora viesse a ocorrer o contrário se fosse com um psicômetra, uma faculdade que, a propósito, demonstra muito mais poderosamente a lei da conservação da energia do que qualquer ciência física e mostra que ela age tanto nos mundos subjetivos ou psíquicos quanto nos planos objetivo e material. A gênese do som, neste plano, deve ser rastreada até o mesmo movimento, e a mesma correlação de forças está agindo durante o fenômeno, tal como é o caso de qualquer outra manifestação. O físico, então, que decompõe o som em seus elementos compostos de vibrações e não encontra neles nenhuma harmonia ou melodia especial, negará a existência delas? E isso não prova que o método analítico, tendo que lidar exclusivamente com os elementos e nada com as suas combinações, leva o físico a falar muito claramente sobre movimento, vibração, e porque não, e o faz perder inteiramente de vista a harmonia produzida por certas combinações daquele movimento ou a "harmonia das vibrações"? A crítica, portanto, está certa em acusar a psicofisiologia materialista de negligenciar essas distinções tão importantes; ao sustentar que, se é um dever uma observação cuidadosa dos fatos nos fenômenos físicos mais simples, quanto mais deveria ser assim quando aplicada a questões tão complexas e importantes como a força e as faculdades psíquicas? E, no entanto, na maioria dos casos, todas essas diferenças essenciais são negligenciadas, e o método analítico é aplicado de maneira muito arbitrária e preconceituosa. Qual surpresa, então, se deve tê-la destruído: ao reduzir a ação psíquica aos seus elementos básicos de movimento, o psicofisiologista priva-a durante o processo de todas as suas características essenciais, e a tendo destruído, é lógico que ele não é mais capaz de encontrar aquilo que existe nela. Em resumo, ele esquece, ou antes, ignora propositalmente o fato de que, como todos os outros fenômenos no plano material, as manifestações psíquicas devem estar relacionadas, numa análise final, ao mundo da vibração (sendo o som o substrato do *akasa* universal), todavia, em sua origem, pertencem a um mundo diferente e mais elevado de harmonia. Elpay tem algumas conjecturas severas contra os pressupostos daqueles que ele chama de "fisicobiólogos" que são dignas de nota.

Inconscientes do seu erro, os psicofisiologistas identificam os elementos compostos da atividade psíquica com a própria atividade, daí a conclusão, do ponto de vista do método analítico, de que a especialidade mais elevada e distinta da alma humana (o livre arbítrio, a espontaneidade) é uma ilusão e não uma realidade psíquica. Mas, como acabamos de mostrar, tal identificação não apenas não tem nada em comum com a ciência exata, mas é simplesmente inadmissível, pois colide com todas as leis fundamentais da lógica, em consequência das quais todas essas chamadas deduções que emanam da referida identificação desaparecem no ar. Portanto, identificar a ação psíquica primariamente ao movimento não significa de maneira alguma provar a "ilusão do livre-arbítrio." E como no caso da água, cujas qualidades específicas não podem ser privadas de sua realidade, embora não sejam encontradas em seus gases componentes, também no que diz respeito à propriedade específica da ação psíquica: sua espontaneidade não pode ser negada à realidade psíquica, embora essa propriedade não esteja contida naqueles elementos finitos em que o psicofisiologista desmembra a atividade em questão sob seu bisturi mental.

Esse método é "uma característica distintiva da ciência moderna em seu esforço para satisfazer o questionamento sobre a natureza dos objetos de sua investigação por meio de uma descrição detalhada de seu desenvolvimento", diz G. T. Ladd. E o autor de The *Elements of Physiological Psychology* (Os Elementos da Psicologia Fisiológica) acrescenta:

> O processo universal de "Tornar-se" tem sido quase personificado e deificado, de modo a torná-lo o verdadeiro fundamento de toda a existência finita e concreta ... Faz-se a tentativa de correlacionar todo o chamado desenvolvimento da mente à evolução da substância do cérebro, submetido a causas puramente físicas e mecânicas. Esta tentativa nega, então, que qualquer ser unitário real chamado de 'a mente' precisa ser compreendido como um processo de desenvolvimento segundo suas próprias leis ... Por outro lado, todas as tentativas de explicar o aumento ordenado da complexidade e a abrangência do fenômenos mentais traçando a evolução física do cérebro são totalmente insatisfatórias para muitas mentes. Não hesitamos em nos classificar entre esse número. Os fatos da experiência que mostram uma correspondência na ordem do desenvolvimento do corpo e da mente, e até uma certa dependência necessária da última em relação ao primeiro, devem, é claro, ser admitidos; mas são igualmente compatíveis com outra visão do desenvolvimento da mente. Essa outra visão tem as vantagens adicionais de abrir espaço para muitos outros fatos da experiência que dificilmente são reconciliáveis com qualquer teoria materialista. No todo, a história das experiências de cada indivíduo é tal que requer a suposição de que um ser real unitário (uma mente) está passando por um processo de desenvolvimento, em relação à condição mutável ou evolução do cérebro, e ainda de acordo com uma natureza e leis próprias (p. 616).

Será mostrado na Parte 2 deste artigo até que ponto esta última "hipótese" da ciência aborda os ensinamentos da filosofia ocultista. Enquanto isso, podemos encerrar com uma resposta à mais recente falácia materialista, que pode ser resumida em poucas palavras. Como cada ação psíquica tem por substrato os elementos nervosos cuja existência ela admite e fora dos quais não pode agir, como a atividade dos elementos nervosos é apenas movimento molecular, não há, portanto, necessidade de inventar uma força psíquica e especial para a explicação de nosso trabalho cerebral. Livre arbítrio forçaria a ciência a supor um invisível *livre arbitrador*, um criador daquela força especial.

Concordamos: "não há a menor necessidade" de um criador "daquela força especial" ou de qualquer outra. Ninguém jamais alegou tal absurdo. Mas, entre criar e guiar, há uma diferença, e esta não implica de modo algum qualquer criação da energia do movimento ou, de fato, de qualquer energia especial. A mente psíquica (em contraposição à mente *manásica* ou noética) apenas transforma essa energia do "ser-unitário" de acordo com "uma natureza e leis próprias" – para usar a expressão feliz de Ladd. O "ser unitário" não cria nada, mas apenas provoca uma correlação natural de acordo com as leis físicas e as suas próprias leis; tendo que usar a força, ela orienta sua direção, escolhendo os caminhos pelos quais ele irá prosseguir e estimulando-o à ação. E, como sua atividade é *sui generis* e independente, transporta essa energia deste mundo de desarmonia para sua própria esfera de harmonia. Se não fosse independente, não o poderia fazer. Tal como é, a liberdade da vontade humana está além de qualquer dúvida ou objeção. Portanto, como já observado, não é uma questão de criação, mas simplesmente de orientação. Porque o marinheiro ao volante não cria o vapor das máquinas, devemos dizer que ele não dirige a embarcação?

E, porque nos recusamos a aceitar as falácias de alguns psicofisiologistas como a última palavra da ciência, fornecemos-lhes uma nova prova de que o livre arbítrio é uma alucinação? Nós rimos da ideia animalística. Quão mais científico e lógico, além de ser tão poético quanto grandioso, é o ensinamento no *Kathopanishad*, que, em uma bela e descritiva metáfora, diz que: "Os sentidos são os cavalos, o corpo é a carruagem, a mente (*kama-manas*) são as rédeas, e o intelecto (ou livre arbítrio) o cocheiro." Em verdade, há mais ciência exata no menos importante dos *Upanishads*, compostos há milhares de anos, do que em todos os delírios materialistas da moderna "fisicobiologia" e "psicofisiologia" juntas!

"... O conhecimento do passado, presente e futuro está incorporado em *Kshetrajna* (o 'Eu'). *Occult Axioms* (Axiomas Ocultos).

Parte 2

Tendo explicado em que pormenores e por que, como ocultistas, discordamos da psicologia fisiológica materialista, podemos agora prosseguir e apontar a diferença entre as funções psíquica e mental-noética, não sendo a noética reconhecida pela ciência oficial.

Além disso, nós, teosofistas, entendemos os termos "psíquico" e "psiquismo" de maneira um pouco diferente do público comum, da ciência e mesmo da teologia, a última dando-lhe um significado que tanto a ciência quanto a teosofia rejeitam, enquanto o público em geral permanece com uma concepção muito nebulosa do que realmente se entende pelos termos. Para muitos, há pouca ou nenhuma diferença entre "psíquico" e "psicológico", entendendo que ambas as palavras se relacionam de alguma forma com a alma humana. Alguns metafísicos modernos concordaram sabiamente em separar a palavra mente (*pneuma*) da palavra alma (*psique*), sendo uma a parte racional, espiritual, e a outra – *psique* – o princípio da vida no homem , o sopro que o anima (de *anima*, alma). Mas, se é assim, como negar neste caso uma alma aos animais? Estes são, não menos que o homem, dotados do mesmo princípio de vida senciente, o *nephesh* do segundo capítulo do Gênesis. A alma não é de forma alguma a mente, nem pode um idiota, desprovido da última, ser chamado de um ser "sem alma". Descrever, como os fisiologistas fazem, a alma humana em suas relações com os sentidos e apetites, desejos e paixões, comuns ao homem e ao bruto e, depois, dotá-lo de intelecto divino, de faculdades espirituais e racionais que podem ter origem apenas num mundo supersensível – é o mesmo que colocar para sempre um véu de impenetrável mistério sobre o assunto. No entanto, na ciência moderna, "psicologia" e "psiquismo" se relacionam apenas com as condições do sistema nervoso, sendo os fenômenos mentais determinados exclusivamente pela ação molecular. O caráter noético superior do princípio da mente é inteiramente ignorado e até mesmo rejeitado como uma "superstição" por fisiologistas e psicólogos. A psicologia, de fato, tornou-se sinônimo, em muitos casos, de ciência da psiquiatria. Portanto, os estudantes da teosofia, compelidos que são a discordar de tudo isso, adotaram a doutrina que fundamenta as filosofias do Oriente consagradas pelo tempo. O que vai ser mostrado mais adiante.

Para entender melhor os argumentos acima e os que se seguem, pede-se ao leitor que recorra ao editorial de *Lucifer* de setembro e se familiarize com o aspecto duplo daquilo que é denominado por São João em sua terceira epístola – a sabedoria diabólica, terrena, e a "sabedoria do alto". Em outro editorial, afirma-se também que os antigos hindus dotavam de consciência cada célula do corpo humano, dando a cada uma o nome de um deus ou uma deusa. No trabalho em que fala de átomos em nome da ciência e da filosofia, o professor Ladd denomina-os de "seres suprassensíveis". O Ocultismo considera cada átomo uma "entidade independente", e cada célula uma "unidade consciente". Ele explica que tão logo esses átomos se agrupem para formar células, estas tornam-se, então, dotadas de consciência, cada uma com a sua especificidade e livre arbítrio para agir dentro dos limites da lei. Tampouco estamos inteiramente privados de evidências científicas para tais afirmações, como bem demonstram os dois editoriais acima mencionados. Em nossos dias, mais de um fisiologista culto da minoria de ouro está, além disso, chegando rapidamente à convicção de que a memória não tem uma sede, nenhum órgão especial próprio no cérebro humano, mas que possui sedes em cada órgão do corpo.

"Não existe um bom fundamento para se falar de qualquer órgão especial, ou sede, da memória", escreve o professor de filosofia G. T. Ladd, da Yale University. "Todos os órgãos, na verdade, todas as áreas e todos os limites do sistema nervoso têm sua própria memória"(página 553 loc. cit.).

A sede da memória não está seguramente, portanto, nem aqui nem ali, mas em toda parte do corpo humano. Localizar seu órgão no cérebro é limitar e apoucar a mente universal e seus incontáveis raios (os *manasa putras*) que instruem os mortais racionais. Como escrevemos em primeiro lugar para os teosofistas, pouco nos importamos com os preconceitos psicofóbicos dos materialistas que podem ler isso e fungar desdenhosamente à menção da "mente universal" e das almas noéticas mais elevadas dos homens. Mas, o que é memória, perguntamos. "Tanto a apresentação do sentido como a imagem da memória são fases transitórias da consciência", obtemos a resposta. Mas o que é a consciência em si mesma? – perguntamos novamente. "Nós não podemos definir consciência", diz-nos Ladd. Assim, o que somos forçados a fazer pela psicologia fisiológica é contentar-nos em converter os vários estados de consciência por hipóteses particulares e não verificáveis de outras pessoas; e isto, em "questões de fisiologia cerebral onde peritos e novatos são igualmente ignorantes", para usar a observação aguçada do dito autor. Então, hipótese por hipótese, podemos tão bem nos apegar aos ensinamentos dos nossos videntes quanto às conjecturas daqueles que renegam tanto esses videntes quanto sua sabedoria. Tanto mais, como nos diz o mesmo honesto homem da ciência, que "se a metafísica e a ética não podem ditar apropriadamente seus fatos e conclusões à ciência da psicologia fisiológica ... por sua vez, essa ciência não pode apropriadamente ditar à metafísica e à ética as conclusões que extraíram dos fatos da consciência, anunciando os seus mitos e fábulas numa roupagem de história bem determinada dos processos cerebrais".

Ora, uma vez que a metafísica da fisiologia e psicologia oculta postula uma entidade imortal dentro do homem mortal, a "mente divina", ou *nous*, cuja pálida e muitas vezes distorcida reflexão é aquilo que chamamos de "mente" e intelecto nos homens – virtualmente uma entidade à parte da primeira durante o período de cada encarnação – dizemos que as duas fontes de "memória" estão nesses dois "princípios". Distinguimos estes dois como sendo o *manas* superior (mente, ou ego) e o *kama-manas*, isto é, o intelecto racional, mas terreno, ou físico, do homem, encravado em e ligado à matéria, portanto sujeito à sua influência: o eu (*self*) todo-consciente, aquilo que reencarna periodicamente (na verdade o Verbo se fez carne!) e que é sempre o mesmo, ao passo que o seu "duplo" refletido, que muda a cada nova encarnação e personalidade, é consciente apenas por um período de vida. Este último "princípio" é o eu inferior, ou aquilo que se manifesta através do nosso sistema orgânico e age neste plano de ilusão, imaginando-se o *Ego Sum* (Eu Sou) e, assim, caindo no que a filosofia budista estigmatiza como a "heresia da separatividade". O primeiro princípio, denominamos individualidade, e o último personalidade. Do primeiro, procede todo o elemento noético, do segundo, o psíquico, isto é, a "sabedoria terrestre" na melhor das hipóteses, influenciada por todos os estímulos caóticos das paixões humanas, ou antes, das paixões animais do corpo vivo.

O "ego superior" não pode atuar diretamente sobre o corpo, pois sua consciência pertence realmente a outro plano e planos de ideação. O eu "inferior" pode, e sua ação e comportamento dependem de seu livre arbítrio e sua opção de gravitar mais para o seu pai ("o Pai no Céu") ou para o "animal" que ele orienta, o homem de carne. O "ego superior", como parte da essência da mente universal, é incondicionalmente onisciente em seu próprio plano e apenas potencialmente em nossa esfera terrestre, onde só pode agir através de seu *alter ego* – o eu pessoal. Bem, embora o primeiro seja o veículo de todo o conhecimento do passado, presente e futuro, e embora seja a fonte de onde seu "duplo" adquire um pouco de conhecimento daquilo que está além dos sentidos do homem e transmite-os a certas células cerebrais (cujas funções são desconhecidas pela ciência), tornando esse homem um vidente, adivinho e profeta. Contudo, a memória de eventos passados – especialmente das coisas terrenas – tem sua sede apenas no ego pessoal. Nenhuma memória de uma função puramente cotidiana, de natureza mental inferior, física ou egoica, tal como, por exemplo, comer e beber, desfrutar de prazeres sensuais pessoais, fazer negócios em detrimento do próximo etc., etc. tem a ver com a mente ou ego "superior". Tampouco tem qualquer relação direta, neste plano físico, com nosso cérebro ou coração – pois os dois são órgãos de um poder superior à personalidade – mas tem relação apenas com os órgãos passionais, como o fígado, estômago, baço. Assim, só é razoável pensar que a memória de tais eventos deve ser despertada primeiramente no órgão que foi o primeiro a induzir a ação lembrada e a transmitiu ao nosso "pensamento sensorial", que é inteiramente distinto do pensamento "supersensual". São apenas as formas superiores do último, as experiências mentais superconscientes, que podem se relacionar com os centros cerebrais e cardíacos. As memórias de ações físicas e egocêntricas (ou pessoais), por outro lado, juntamente com as experiências mentais de natureza terrestre e de funções biológicas terrenas, podem estar necessariamente correlacionadas apenas com a constituição molecular de vários órgãos *câmicos* e as "associações dinâmicas" dos elementos do sistema nervoso em cada órgão específico.

Portanto, quando o professor Ladd, depois de mostrar que cada elemento do sistema nervoso tem uma memória própria, acrescenta: "Essa visão pertence à própria essência da teoria que considera a reprodução mental consciente como uma única forma ou fase do fato biológico da memória orgânica" – ele deve incluir entre tais teorias o ensinamento oculto. Pois nenhum ocultista poderia expressar estes ensinamentos mais corretamente do que o professor, que diz, ao encerrar seu argumento: "Poderíamos falar apropriadamente, então, da memória do órgão final da visão ou da audição, da memória da coluna vertebral e dos diferentes chamados "centros" de ação reflexa que pertencem ao cordão da memória da medula oblonga, do cerebelo etc." Esta é a essência do ensino ocultista – mesmo nos trabalhos tântricos. De fato, todos os órgãos do nosso corpo têm sua própria memória. Assim, se for dotada de uma consciência "de sua própria espécie", cada célula deve ter também, necessariamente, uma memória de sua própria espécie, assim como sua própria ação psíquica e noética. Respondendo ao toque tanto de uma força física quanto de uma metafísica, o impulso dado pela força psíquica (ou psicomolecular) agirá de fora para dentro, enquanto a força noética (podemos chamá-lo de espiritual-dinâmica?) trabalha de dentro para fora. Pois, como nosso corpo é a cobertura dos "princípios" interiores, alma, mente, vida etc., também a molécula ou a célula é o corpo no qual habitam seus "princípios", os átomos imateriais (para nossos sentidos e compreensão) que compõem esta célula. A atividade e o comportamento da célula são determinados pela sua propulsão interna ou pela externa, pela força noética ou pela psíquica, não tendo a primeira [a força noética] relação com as células físicas propriamente ditas. Destarte, enquanto a última age sob a lei inevitável da conservação e correlação da energia física, os átomos – sendo psicoespirituais, não unidades físicas – agem sob leis próprias, tal como faz o "Ser-Unitário" do Professor Ladd, que é nossa "mente-ego", em sua hipótese bastante filosófica e científica. Todo órgão humano e cada célula deste último tem um teclado próprio, como o de um piano, apenas que registra e emite sensações em vez de sons. Cada tecla contém a potencialidade do bem ou do mal, de produzir harmonia ou desarmonia. Isso depende do impulso dado e das combinações produzidas, sobre a força do toque do artista no trabalho, uma "unidade de dupla face", com efeito. E é a ação deste ou da outra "face" da unidade que determina a natureza e o caráter dinâmico dos fenômenos manifestados como uma ação resultante, sejam eles físicos ou mentais. Pois o homem em seu todo é guiado por essa entidade de dupla face. Se o impulso vier da "sabedoria do alto", sendo aplicada a força noética ou espiritual, os resultados serão ações dignas do divino propulsor; se vier da "sabedoria terrestre e demoníaca" (poder psíquico), as atividades do homem serão egoístas, baseadas apenas nas exigências de sua natureza física, portanto animal. O acima mencionado pode soar ao leitor médio como pura tolice, mas todo teosofista deve entender quando é dito que existem nele órgãos *manásicos* e *câmicos*, porquanto as células de seu corpo respondem aos impulsos físicos e espirituais.

Na verdade, esse corpo tão profanado pelo materialismo e pelo próprio homem é o templo do santo graal, o *adytum* [ádito] do mais grandioso, ou melhor, de todos os mistérios da natureza em nosso universo solar. Este corpo é uma harpa eólica com dois conjuntos de cordas, um de prata pura, o outro de categute. Quando o sopro do *fiat* divino toca suavemente o primeiro, o homem torna-se semelhante ao seu deus – mas o outro conjunto não o sente. É necessária a brisa de um forte vento mundano impregnado com eflúvio animal para fazer as suas cordas animais vibrarem. É a função da mente física, inferior, agir sobre os órgãos físicos e as suas células. Mas é somente a mente superior que pode influenciar os átomos que interagem com essas células, interação essa que é a única capaz de excitar o cérebro, através do cordão "central" da coluna, para uma representação mental de ideias espirituais muito além de qualquer objeto neste plano material. Os fenômenos da consciência divina devem ser considerados como atividades de nossa mente em outro e mais elevado plano, trabalhando através de algo menos substancial do que as moléculas moventes do cérebro. Eles não podem ser explicados como a simples resultante do processo fisiológico cerebral, como de fato os últimos somente os condicionam ou lhes dão uma forma final para propósitos de manifestação concreta. O ocultismo ensina que o fígado e as células do baço são os mais subservientes à ação de nossa mente "pessoal", sendo o coração o órgão por excelência por meio do qual do qual o ego "superior" age – por intermédio do eu inferior.

Tampouco as visões ou lembranças de eventos puramente mundanos podem ser transmitidas diretamente por meio de percepções mentais do cérebro – o recipiente direto das impressões do coração. Todas essas lembranças devem ser primeiramente estimuladas e despertadas nos órgãos que foram os originadores, como já foi dito, das várias causas que levaram aos resultados, ou seja, os receptores diretos e os participantes dos últimos. Em outras palavras, se o que é chamado de "associação de ideias" tem muito a ver com o despertar da memória, a interação mútua e a inter-relação consistente entre a "mente-entidade" pessoal e os órgãos do corpo humano têm muito mais. Um estômago faminto evoca a visão de um banquete passado, porque sua ação é refletida e repetida na mente pessoal. Mas, mesmo antes que a lembrança do eu pessoal irradie a visão das tábuas onde estão guardadas as experiências da vida cotidiana – até os mínimos detalhes – a memória do estômago já evocou o mesmo. E assim com todos os órgãos do corpo. São eles que dão origem, de acordo com suas necessidades e desejos animais, às centelhas eletro-vitais que iluminam o campo da consciência no ego inferior, e são essas faíscas que, por sua vez, despertam para nele acionar as reminiscências. Todo o corpo humano é, como disse, uma vasta caixa de ressonância, na qual cada célula carrega um longo registro de impressões conectadas a seu órgão correspondente, e cada célula tem uma memória e uma consciência de seu tipo, ou a chame instinto se você quiser. De acordo com a natureza do órgão, essas impressões são físicas, psíquicas ou mentais, conforme estejam relacionadas a este ou outro plano. Eles podem ser chamados de "estados de consciência" apenas pela falta de uma melhor expressão – já que existem estados de consciência instintivos, mentais e puramente abstratos, ou espirituais. Se atribuirmos todas essas ações "psíquicas" ao trabalho cerebral, é somente porque, naquela mansão chamada corpo humano, o cérebro é a porta da frente e o único que se abre para o espaço. Todos as outras são portas internas, aberturas no prédio privado, através das quais viajam incessantemente os agentes transmissores de memória e sensação. A clareza, a vivacidade e a intensidade delas dependem do estado de saúde e da integridade orgânica dos transmissores. Mas sua realidade, no sentido de verdade ou correção, é devida ao "princípio" de onde se originam e à preponderância no *manas* inferior do elemento noético ou do frênico ("câmico", mundano).

Pois, como o ocultismo ensina, se a entidade 'mente superior' – permanente e imortal – é da essência divina e homogênea de "*alaya-akasa*", ou *mahat*, – seu reflexo, a mente pessoal, é, como um "princípio" temporário, da substância da luz astral. Como um puro raio do "filho da mente universal", não poderia desempenhar nenhuma função no corpo e, portanto, permaneceria impotente frente aos órgãos turbulentos da matéria. Assim, enquanto sua constituição interna é *manásica*, seu "corpo", ou melhor, sua essência funcional, é heterogênea e impregnada com a luz astral, o elemento inferior do éter. É uma parte da missão do raio *manásico* livrar-se gradualmente do elemento escondido e enganador que, embora faça dele uma entidade espiritual ativa neste plano, coloca-o ainda assim em contato tão próximo com a matéria que obscurece completamente sua natureza divina e estupidifica suas intuições.

Isso nos leva a ver a diferença entre as visões puramente noética e a psíquica terrena da vidência e da mediunidade. A primeira pode ser obtida por um dos dois meios: (a) sob a condição de paralização voluntária da memória e da ação instintiva e independente dos órgãos materiais e até das células do corpo de carne, um ato que é fácil, mas que requer para isso um adepto, pois é necessário que a luz do ego superior tenha consumido e submetido para sempre a natureza passional do ego pessoal, inferior; e (b) ser uma reencarnação de alguém que, em um nascimento anterior, alcançou, através de extrema pureza de vida e esforços na direção certa, quase a um estado de *Yogi* de retidão e santidade. Existe também uma terceira possibilidade de alcançar em visões místicas o plano do *manas* superior, porém é apenas ocasional e não depende da vontade do vidente, mas da extrema fraqueza e esgotamento do corpo material por causa da doença e do sofrimento. A vidente de Prevorst foi um exemplo do último caso, e Jacob Boëhme da nossa segunda categoria. Em todos os outros casos de vidência anormal, da chamada clariaudiência, clarividência e transes, é simplesmente mediunidade.

Ora, o que é um médium? O termo médium, quando não aplicado simplesmente a coisas e objetos, é supostamente uma pessoa através da qual a ação de outra pessoa ou ser é manifestada ou transmitida. Espiritistas que acreditam em comunicações com espíritos desencarnados e que estes podem se manifestar através deles ou imprimir-lhes sensibilidade para transmitir "mensagens", consideram a mediunidade uma bênção e um grande privilégio. Nós, os teósofos, por outro lado, que não acreditamos na "comunicação de espíritos", como fazem os espíritas, consideramos este dom uma das mais perigosas doenças nervosas anômalas. Um médium é simplesmente alguém em cujo ego pessoal, ou mente terrestre, (*psuche*), a porcentagem de luz "astral" é tão preponderante a ponto de impregnar toda a sua constituição física. Cada órgão ou célula está, portanto, sintonizado, por assim dizer, e submetido a uma enorme e anormal tensão. A mente está sempre no plano daquela luz ilusória cuja alma é divina e nela imersa, mas cujo corpo (as ondas de luz nos planos inferiores) é infernal, pois são apenas os reflexos negros e desfigurados das memórias da Terra. O olho destreinado dos pobres sensitivos não pode penetrar a névoa escura, o denso nevoeiro das emanações terrestres, para ver além no campo radiante das verdades eternas. Sua visão está fora de foco. Seus sentidos, acostumados desde seu nascimento, como os de um nativo dos cortiços de Londres ao fedor e à sujeira, às distorções antinaturais de visões e imagens lançadas nas ondas caleidoscópicas do plano astral, são incapazes de discernir o verdadeiro do falso. E, assim, os cadáveres pálidos e sem alma, movendo-se nos campos sem trilhas de "*kama-loka*", parecem-lhe imagens vivas dos "queridos falecidos". Os ecos interrompidos de outrora vozes humanas que passam por sua mente sugerem-lhe frases bem coordenadas, as quais ele repete, ignorando que sua forma e polimento finais foram recebidas nas profundezas mais recônditas de sua própria fábrica cerebral. E por isso a visão e audição daquilo que, se visto em sua verdadeira natureza, teria chocado o gelado coração do médium com horror, agora o enche com uma sensação de bem-aventurança e confiança. Ele realmente acredita que as vistas imensuráveis exibidas diante dele são o mundo espiritual real, a morada dos abençoados anjos desencarnados.

Descrevemos as principais características e os fatos da mediunidade, não havendo espaço neste artigo para casos excepcionais. Tendo infelizmente passado em um período da vida por essas experiências pessoalmente, confirmamos que, no geral, a mediunidade é muitíssimo perigosa; e as experiências psíquicas, quando aceitas indiscriminadamente, levam apenas a enganar honestamente os outros, porque o médium é a primeira vítima autoenganada. Além disso, uma relação muito próxima com a "velha serpente terrestre" é contagiosa. As correntes ódicas e magnéticas da luz astral frequentemente incitam ao assassinato, à embriaguez, à imoralidade e, como Eliphas Lévi expressa, as naturezas não completamente puras "podem ser impelidas pelas forças cegas postas em movimento na luz", pelos erros e pecados impostos em suas ondas.

E é assim que o grande mago do século XIX corrobora o que precede ao falar da luz astral:

> Dissemos que, para adquirir poder mágico, duas coisas são necessárias: desobrigar o desejo de toda servidão e controlá-lo.
>
> A vontade soberana (do adepto) está representada em nossos símbolos pela mulher que esmaga a cabeça da serpente e pelo anjo resplandecente que reprime o dragão e o segura sob seu pé e sua lança; o grande agente mágico, a dupla corrente de luz, o fogo vivo e astral da terra, foi representado nas antigas teogonias pela serpente com a cabeça de touro, carneiro ou cão. É a serpente dupla dos caduceus, é a antiga serpente de Gênesis, mas também é a serpente de bronze de Moisés entrelaçada ao redor do tau, isto é, o linga generativo. É também o bode do sábado de bruxas e o *baphomet* dos templários; é a *hylé* dos gnósticos; é a serpente bicaudal que forma as pernas do galo solar do Abraxas; finalmente, é o diabo de M. Eudes de Mirville. Mas, na verdade, é a força cega que as almas (isto é o *manas* inferior, ou *nephesh*) têm que conquistar para se libertarem dos grilhões da terra, pois, se os seus desejos não as libertarem dessa atração fatal, elas serão absorvidas na corrente pela força que as produziu e retornarão ao fogo central e eterno.[86]

O "fogo central e eterno" é aquela força desintegradora que gradualmente consome e queima o *kama-rupa*, ou "personalidade", no *kama-loka*, para onde vai após a morte. E, na verdade, os médiuns são atraídos pela luz astral, e isso

---

[86] *Dogme et Rituel de la Haute Magie* citado em *Isis Unveiled* (*Isis Sem Véu*), I, p. 138.

é a causa direta de suas "almas" pessoais serem absorvidas "pela força que produziram" seus elementos terrestres. E, portanto, como o mesmo ocultista nos diz:

> Todas as operações mágicas consistem em libertar o eu das espirais da velha serpente; depois, colocar o pé sobre a sua cabeça e conduzi-la de acordo com a vontade do operador. 'Eu te darei', diz a serpente, no mito do evangelho, "todos os reinos da terra se te prostrares e me adorares." Os iniciados devem responder a ela: 'não me prostrarei, mas tu vais rastejar aos meus pés; tu não vais me dar nada, mas eu vou fazer uso de ti e tomarei o que eu quiser, pois eu sou teu senhor e mestre!'

E como tal, o ego pessoal, tornando-se um com seu pai divino, compartilha da sua imortalidade. De outra forma...

Basta, no entanto. Bendito seja aquele que se familiarizou com os poderes duais atuantes na luz astral; três vezes abençoado aquele que aprendeu a discernir a ação noético da psíquica do deus de "face dupla" existente nele, e que conhece a potência de seu próprio espírito – ou "alma dinâmica".

Os doze signos do zodíaco[87]

Por T. Subba Rao
Tradução: Edilson A. Pedrosa

T. Subba Rao.

A divisão do Zodíaco em diferentes signos remonta à antiguidade imemorial. Ela adquiriu celebridade mundial e pode ser encontrada nos sistemas astrológicos de várias nações. A invenção do Zodíaco e seus signos foi atribuída a diferentes nações por diferentes aficionados por antiguidades. É afirmado por alguns que, a princípio, havia apenas dez signos, que um desses signos foi subsequentemente dividido em dois outros, e que um novo signo foi acrescentado ao número existente para tornar mais profundo o significado esotérico da divisão e, ao mesmo tempo, escondê-lo mais perfeitamente do público não iniciado. É muito provável que a verdadeira concepção filosófica da divisão deva sua origem a alguma nação em particular, e os nomes dados aos vários signos devem ter sido traduzidos

[87] *The Twelve Signs of the Zodiac*, publicado por Theosophical Publishing House, Adyar, Chennai [Madras]. India, setembro de 1913 (reimpresso em 1923 e 1934) – Adyar Pamphlets N° 31. Nota dos editores originais: "este panfleto é uma reedição de um importante artigo do falecido T. Subba Rao publicado no *The Theosophist*, novembro de 1881. As notas de rodapé, assinadas ED [editor], *The Theosophist*, foram escritas por madame H. P. Blavatsky."

para as línguas de outras nações. O principal objetivo deste artigo, no entanto, não é decidir qual nação teve a honra de inventar os signos em questão, mas indicar, em alguma extensão, o verdadeiro significado filosófico neles envolvido e a maneira de descobrir o resto do significado que ainda permanece secreto. Mas, a partir do que é aqui afirmado, pode ser feita uma inferência razoável no sentido de que, como tantos outros mitos e alegorias filosóficos, a invenção do Zodíaco e de seus signos deve sua origem à antiga Índia.

Qual é então a verdadeira origem desses signos e a concepção filosófica que o Zodíaco e os seus signos pretendem representar? Os vários signos representam apenas a forma ou configuração das diferentes constelações incluídas nas divisões ou são simplesmente máscaras destinadas a ocultar algum significado oculto? A primeira suposição é totalmente insustentável por duas razões, a saber:

1. Os hindus estavam familiarizados com a precessão dos equinócios, como pode ser facilmente constatado em seus trabalhos sobre astronomia e nos almanaques publicados pelos astrônomos hindus. Consequentemente, eles estavam plenamente conscientes do fato de que as constelações nas várias divisões zodiacais não eram fixas. Eles não poderiam, portanto, atribuir formas particulares a esses grupos variáveis de estrelas fixas com referência às divisões do zodíaco. Mas os nomes que indicam os signos zodiacais foram autorizados a permanecer inalterados. Infere-se, portanto, que os nomes dados aos vários signos não têm nenhuma conexão com as configurações das constelações incluídas neles.

2. Os nomes atribuídos a esses signos pelos antigos escritores sanscritistas e os seus significados exotéricos, ou literais, são os seguintes:

	NOMES DOS SIGNOS	SIGNIFICADOS EXOTÉRICOS, OU LITERAIS
1	Mêsha	Carneiro ou Áries
2	Rishabha	Touro
3	Mithuna	Gêmeos (masculino e feminino)
4	Karkataka	Caranguejo ou Câncer
5	Simha	Leão
6	Kanyâ	Virgem ou Puro
7	Tulâ	Libra ou Balança
8	Vrschika	Escorpião
9	Dhanus	Sagitário ou Arqueiro
10	Makara	Capricórnio ou Crocodilo
11	Kumbha	Aquário
12	Mîna	Peixes ou Peixe

[Virgem-Escorpião, quando ninguém além dos iniciados sabia que havia doze signos. Virgem-Escorpião foi então seguido (pelo profano) por Sagitário. No ponto intermediário ou de junção, onde estão agora Libra e no signo agora chamado Virgem, foram inseridos dois signos místicos que permaneceram ininteligíveis para o profano. Editor, The Theosophist.]

As figuras das constelações incluídas nos signos no momento em que a divisão foi feita pela primeira vez não se assemelham absolutamente às formas dos animais, répteis e outros objetos denotados pelos nomes que lhes foram dados. A verdade dessa afirmação pode ser verificada examinando-se as configurações das várias constelações. A menos que a forma de crocodilo[88] ou caranguejo seja evocada pela imaginação do observador, há muito pouca chance de as próprias estrelas sugerirem a ideia daquelas figuras sobre o dossel azul do firmamento estrelado.

Se, então, as constelações nada têm a ver com a origem dos nomes pelos quais as divisões zodiacais estão indicadas, temos que buscar alguma outra fonte que possa ter dado origem a essas denominações. Torna-se meu objetivo desvendar uma parte do mistério relacionado com esses signos zodiacais, assim como revelar uma parte da sublime concepção da antiga filosofia hindu que deu origem a eles. Os signos do Zodíaco têm mais de um significado. De um ponto de vista, eles representam os diferentes estágios da criação até o momento em que o presente universo material, com os cinco elementos, veio à existência fenomenal. Como a autora

[88] Esta constelação nunca foi chamada de Crocodilo pelos antigos astrônomos ocidentais, que a descreveram como um bode com chifres e a chamaram, assim, de Capricórnio. Editor, The Theosophist.

de *Isis Unveiled* (Ísis Sem Véu) declarou no segundo volume de seu admirável trabalho, "a chave deve ser girada sete vezes" para compreender-se toda a filosofia subjacente a estes signos. Mas vou girá-la apenas uma vez e dar o conteúdo do primeiro capítulo da história da criação. É muita sorte que os nomes sânscritos atribuídos às várias divisões pelos filósofos arianos contenham em si mesmos a chave para a solução do problema. Os meus leitores que tenham estudado até certo ponto o antigo *Mantra* e o *Tantra Shastras* da Índia, têm conhecimento de que, muitas vezes, as palavras sânscritas foram construídas para transmitir algum significado oculto por meio de certos métodos bem conhecidos e de uma convenção tácita, enquanto seu significado literal é algo bem diferente daquele implícito. A seguir estão algumas das regras que podem ajudar um investigador a descobrir o profundo significado da antiga nomenclatura sânscrita usada nos antigos mitos e alegorias arianos:

1. descubra os sinônimos da palavra usada que têm outros significados;

2. descubra o valor numérico das letras que compõem a palavra de acordo com os métodos dados em antigos trabalhos tântricos;

3. examine os antigos mitos ou alegorias, se houver algum, que tenham alguma conexão especial com a palavra em questão;

4. permute as diferentes sílabas que compõem a palavra e examine as novas combinações que serão assim formadas e seus significados etc.

Agora vou aplicar algumas das regras dadas acima aos nomes dos doze signos do Zodíaco.

I) *Mêsha*. Um dos sinônimos dessa palavra é *Aja*. Agora, *Aja* significa literalmente aquilo que não tem nascimento e é aplicada ao eterno Brahman em certas partes dos *Upanishats*. Assim, o primeiro signo destina-se a representar o Parabrahmam, a causa autoexistente, eterna e autossuficiente de tudo.

II) *Rishabha*. Esta palavra é usada em vários lugares nos *Upanishats* e no *Veda* para significar Pranava (Aum). Shankarâchârya interpretou-a em várias partes de seu comentário.[89]

III) *Mithuna*. Como a palavra indica claramente, este signo destina-se a representar o primeiro andrógino, o Ardhanârshwara, a bi-sexual Sephira-Adam Kadmon.

IV) *Karkataka*. Quando as sílabas são convertidas nos números correspondentes, de acordo com o modo geral de transmutação tantas vezes mencionado no *Mantra Sh stra*, a palavra em questão será representada por ////. Este signo, então, é evidentemente destinado a representar o sagrado Tetragrama; o Parabrahmatârakam; o *pranava* decomposto em quatro entidades separadas correspondentes aos seus quatro *mâtras*; os quatro *avasthâs* indicados por *jâgrat* (acordar) *avasthâ*, *swapna* (sonho) *avasthâ*, *sushupti* (sono profundo) *avasthâ* e *turîya* (o último estágio, i.e., nirvana) *avasthâ* (ainda em potencialidade); os quatro estados de Brahma, chamados vaishwânara, *tajjasa* (ou *hiranya-garbha*), *prajñâ* e *shwara* e representados por Brahmâ, Vishnu, Maheshwara e Sadasviva; os quatro aspectos de *Parabrahmam* como *sthûla*, *sûkshma*, *beja* e *sâkshi*; os quatro estágios ou condições da palavra sagrada nomeados parâ, *pasyantî*, *madhyamâ* e *vykhâri*: *nâda*, *bindu*, *shakti* e *kala*. Este signo completa o primeiro quaternário.

V) *Simha*. Essa palavra contém um mundo de significado oculto dentro de si, e pode não ser prudente da minha parte revelar todo o seu significado neste artigo. Será suficiente para o propósito deste artigo dar uma indicação geral de sua importância.

Dois de seus termos sinônimos são *Pañchâsya* e *Hari*, e seu número na ordem das divisões zodiacais (sendo o quinto signo) aponta claramente para o primeiro sinônimo. Este sinônimo (*Pañchâsya*) mostra que o signo pretende representar os cinco Brahmâs (Ishâna, Aghôra, Tatpurusha, Vâmadêva e Sadyôjâta), os cinco Budas. O segundo sinônimo mostra que ele é Narayhana, o Jîvatmâ ou Pratyagâtma (o *Shukarahasya Upanishat* mostrará que os antigos filósofos arianos consideravam Narayhana como o Jîvâtmâ.[90] Os *vaishnavites* podem

[89] [Exemplo: Rishabhasya – Chhandasam Rishabhasya Pradhânasya Pranavasya].

[90] [No seu estado mais baixo ou mais material, como o princípio da vida] que

não admitir isso. Mas, como um *advaiti*, eu vejo Jîvâtmâ como idêntico ao Paramâtmâ em sua essência real quando despojado de seus atributos fictícios criado por *agñâna*, ou *avidyâ*, ignorância). O Jîvâtmâ é colocado corretamente no quinto signo contando a partir de Mêsha, como o quinto signo é o *Putrasthâna*, ou a casa do filho, de acordo com as regras da astrologia hindu. O signo em questão representa Jîvâtmâ, o filho de Paramâtma, por assim dizer. (Eu também posso acrescentar que representa o verdadeiro Cristo, o espírito puro ungido, embora os missionários possam franzir o cenho nessa interpretação).[91] Eu só acrescentarei aqui que, a menos que a natureza deste signo seja plenamente compreendida, será impossível entender a ordem real dos próximos três signos e seu pleno significado. Os elementos, ou entidades, que têm apenas uma existência potencial neste signo tornam-se entidades separadas e distintas nos próximos três signos. Sua união em uma única entidade leva à destruição do universo fenomenal, e o reconhecimento do espírito puro e a sua separação têm o efeito contrário. Isso leva à existência material ligada à Terra e traz à luz a galeria de imagens de *avidyâ* (ignorância) ou *mâyâ* (ilusão). Se a ortografia real do nome pela qual o signo em questão está indicado for devidamente entendida, será facilmente visto que os próximos três signos não são o que deveriam ser. Kanyâ, ou Virgem; e Vrschika, ou Escorpião, devem formar um único signo, e Tulâ deve seguir o dito signo se for necessário ter um signo separado do nome. Mas uma separação entre Kanyâ e Vrschika foi efetuada pela interposição do signo Tulâ entre os dois. O objetivo desta separação será entendido ao examinar-se o significado dos três signos.

VI) *Kanyâ* significa uma virgem e representa *shakti* ou *mahâmâyâ*. O signo em questão é o sexto *râsi*, ou divisão, e

---

anima os corpos materiais dos mundos animal e vegetal, etc. Editor, *The Theosophist*].

[91] [No entanto, é verdadeira. O *Jivatmâ* no microcosmo (homem) é a mesma essência espiritual que anima o macrocosmo (universo), a diferenciação, ou a diferença específica entre os dois Jivatmâs que se apresentam apenas nos dois estados ou condições de uma mesma força. Portanto, "esse filho de Paramâtmâ" está numa correlação eterna com a Causa-Pai, Purusha manifestando-se como Brahmâ do "ovo de ouro" e se tornando Virâjda – o universo. Somos todos "nascidos de Aditî da água" (*Hymns of the Maruts*, X, 63, 2) e "Sendo nascido do não-ser" (Rg-Veda, Mandala I, Sûkta 166). – Editor, *O Teosofista*].

indica que existem seis forças primárias na natureza. Estas forças têm diferentes conjuntos de nomes na filosofia sânscritas. De acordo com um sistema de nomenclatura, eles são chamados pelos seguintes nomes: (1) Parâshakti; (2) Gñânashakti; (3) Ichchshshakti (força de vontade); (4) Kryshashati; (5) Kundalinîshakti e (6) Mâtrikâshakti.[92] As seis forças em seu conjunto estão representadas pela Luz Astral.[93]

VII) *Tulâ*. Quando representada por números segundo o método aludido acima, essa palavra será convertida em trin-

---

[92] *Parâshakti*. Literalmente a grande força, ou poder supremo. Significa e inclui os poderes da luz e do calor.
Gñânashakti. Literalmente o poder do intelecto ou o poder da sabedoria, ou do conhecimento real. Tem dois aspectos:
1) são as seguintes algumas de suas manifestações quando colocadas sob a influência ou controle das condições materiais: O poder da mente de: (a) interpretar nossas sensações; (b) recordar ideias passadas (memória) e elevar expectativas futuras; (c) exibir-se no que os psicólogos modernos chamam de "as leis da associação", que lhe permite formar conexões persistentes entre vários grupos de sensações e possibilidades de sensações e, assim, gerar a noção ou ideia de um objeto externo; (d) conectar nossas ideias pelo elo misterioso da memória e assim gerar a noção de eu ou individualidade.
2) As seguintes são algumas de suas manifestações quando liberadas dos laços da matéria: (a) clarividência, (b) psicometria.
Ichchshshakti. Literalmente, o poder da vontade. Sua manifestação mais comum é a geração de certas correntes nervosas que acionam os músculos necessários para a realização do objetivo desejado.
Kundalinîshakti. Literalmente, o poder, ou força, que se move num caminho sinuoso ou curvo. É o princípio da vida universal, que se manifesta em toda parte na natureza. Esta força inclui em si as duas grandes forças de atração e repulsão. Eletricidade e magnetismo são apenas manifestações dela. Este é o poder, ou força, que provoca aquele "ajuste contínuo das relações internas às relações externas", o qual é a essência da vida, de acordo com Herbert Spencer; e é aquele "ajuste contínuo das relações externas às relações internas" que é a base de transmigração de almas, ou *punarjanmam* (renascimento) de acordo com as doutrinas dos antigos filósofos hindus. Um iogue deve subjugar completamente este poder ou força antes que ele possa atingir *moksha*. Essa força é, de fato, a grande serpente da Bíblia. Um iogue geralmente realiza suas maravilhas por meio de ichchhāshakti e kryāshakti.
Mâtrikâshakti: Literalmente, a força ou poder da escrita, da fala e da música. O antigo Mantra Shāstra tem essa força, ou poder, em todas as suas manifestações da matérias que lhe dizem respeito. O poder da Palavra da qual Jesus Cristo fala é uma manifestação desta *shakti*. A influência da música é uma das suas manifestações comuns. O poder do mirifico nome inefável é a coroa dessa *shakti*.
A ciência moderna investigou, em parte, a primeira, segunda e quinta das forças ou poderes acima mencionados, mas está completamente no escuro em relação aos poderes remanescentes.]
[93] [Até mesmo o próprio nome de Kanyâ (Virgem) mostra como todos os antigos sistemas esotéricos concordavam em todas as suas doutrinas fundamentais. Os cabalistas e os filósofos herméticos chamam a luz astral de "virgem celestial ou celeste". A luz astral em sua unidade é a sétima, daí os sete princípios difundidos em cada unidade ou o seis e Um – dois triângulos e uma coroa. – Editor, The Theosophist].

ta e seis. Este signo, portanto, é evidentemente destinado a representar os trinta e seis *tattvas*. (O número de *tattvas* difere de acordo com as opiniões de diferentes filósofos; mas por Shâktêyas, em geral, e por vários dos *rshis* antigos como Agastya, Durwâsa e Parasurâma e outros, o número de *tattvas* foi estabelecido trinta e seis. Jîvâtmâ difere de Paramâtmâ, ou para afirmar a mesma coisa em outras palavras, "*Baddha*" difere de "*Mukta*",[94] por estar, digamos assim, encerrado dentro destes trinta e seis *tattvas*, enquanto o outro é livre. Este signo prepara o caminho para o Adão terrestre, para Nara. Como o símbolo de Nara, ele é colocado corretamente como o sétimo signo.

VIII) *Vrschika*. Os antigos filósofos afirmam que o Sol, quando localizado nessa *rasî*, ou divisão, é chamado de Vishnu. (Veja o décimo segundo *skandha* de *Bhâgavata*). Esse signo destina-se a representar Vishnu. Vishnu significa literalmente aquilo que é expandido – expandido como *Vishwa*, ou universo. Corretamente falando, *Vishwa* em si é Vishnu. (Veja o comentário de Shankarâchârya em Vishnusahasranâma). Já insinuei que Vishnu representa o *Swapnâvasthâ*, ou o estado de sonho. O signo em questão significa corretamente o universo em pensamento, ou universo na concepção divina.

Ele está colocado corretamente como o signo oposto de *Rishabha*, ou *Pranava*. A análise de *Pranava* para baixo leva ao universo do pensamento, e a síntese a partir do segundo leva ao *Pranava* (*Aum*). Chegamos agora ao estado ideal do Universo antes de chegar à sua existência material. A expansão do Bîja, ou germe primitivo do universo, só é possível quando os trinta e seis *tattvas*[95] estão interpostos entre o *maya* e *jivatmâ*. O estado de sonho é induzido pela instrumentalidade destes *tattvas*. É a existência dos *tattvas* que trazem Hamsa à existência. A eliminação destes tattvas marca o começo da síntese para Pranava e Brahman e converte Hamsa em Sôham. Como se pretende representar os diferentes estágios de criação de Brahman para baixo, na direção do

[94] [Como o infinito difere do finito, e o incondicionado do condicionado. Editor, The Theosophist].

[95] Trinta e seis é três vezes doze, ou nove tetraktis, ou doze tríades, o número mais sagrado dos numerais cabalístico e pitagórico. – Editor, The Theosophist].

Universo material, os três signos, Kanyâ, Tulâ e Vrschika, são colocados na ordem em que eles agora se encontram como três signos separados.

IX) *Dhanus* (Sagitário). Quando representado em números, o nome equivale a nove, e a divisão em questão é a nona divisão contada a partir de Mêsha. O signo, portanto, indica claramente os nove Brahmâs, – os nove Prajâpatis que ajudaram o Demiurgo na construção do universo material.

X) *Makara*. Há alguma dificuldade em interpretar essa palavra. No entanto, ela contém em si o indício de sua correta interpretação. A letra '*ma*' é equivalente ao número cinco, e '*kara*' significa mão. Agora em sânscrito *tribhuja* significa um triângulo, *bhuja*, ou *kara* (ambos são sinônimos), sendo entendidos como um lado. Então, *Makara*, ou *Pañchakara*, significa um pentágono.[96]

Agora, *Makara* é o décimo signo, sendo o termo "*dasadisa*" usado geralmente pelos escritores sanscritistas para denotar os rostos ou lados do universo. O signo em questão destina-se a representar as faces do universo e indica que a imagem do universo está delimitada por pentágonos. Se supusermos os pentágonos como sendo regulares (na presunção ou suposição de que o Universo é construído simetricamente), a figura do Universo material será naturalmente um dodecaedro, o modelo geométrico imitado pelo Demiurgo na construção do Universo material. Se Tulâ foi inventado posteriormente e, se em vez dos três signos *Kanyâ*, *Tulâ* e *Vrschika*, houvesse existido anteriormente apenas um signo que combinasse em si mesmo *Kanyâ* e *Vrschika*, o signo agora sob consideração seria o oitavo sob o antigo sistema, e é um fato significativo que os escritores sanscritistas geralmente falem também de *ashtadisa*, ou oito faces delimitando o espaço. É bem possível que o número de *disa* possa ter sido alterado de oito para dez quando o Virgem-Escorpião anteriormente existente foi dividido em três signos separados.

Novamente, *Kara* pode ser usado para representar os triângulos que projetam a estrela de cinco pontas. Essa figu-

[96] [Veja o artigo "The Five Pointed Star," (A Estrela de *Cinco Pontas*), no número de agosto de 1881,onde afirmamos que a estrela de cinco pontas ou pentagrama representava os cinco membros do homem. – Editor, The Theosophist].

ra também pode ser chamada de uma espécie de pentágono regular.[97] Se essa interpretação for aceita, o *râsî*, ou signo em questão, representa o microcosmo. Mas o microcosmo, ou o mundo do pensamento, é realmente representado por *Vrschika*. De um ponto de vista objetivo, o microcosmo é representado pelo corpo humano. *Makara* pode ser usado para representar simultaneamente tanto o microcosmo quanto o macrocosmo como objetos externos de percepção.

Em conexão com este signo, relatei aqui alguns fatos importantes que eu gostaria de submeter à consideração daqueles que estão interessados em examinar as antigas ciências ocultas da Índia. É geralmente considerado pelos antigos filósofos que o macrocosmo é semelhante ao microcosmo por ter um *sthûla sharira* e um *sûkshma sharira*. O universo visível é o *sthûla sharira* de Vishwa; os antigos filósofos sustentavam que, como substrato deste Universo visível, há outro universo – talvez possamos chamá-lo de universo da luz astral – o universo real numênico, como se fosse a alma deste Universo visível. É insinuado obscuramente em certas passagens dos Vedas e dos *Upanishats* que este universo oculto da luz astral deve ser representado por um icosaedro. A conexão entre o icosaedro e o dodecaedro é algo muito peculiar e interessante, embora as figuras pareçam ser muito diferentes uma da outra. A conexão pode ser entendida pela construção geométrica mencionada a seguir. Trace uma esfera sobre um icosaedro; desenhe perpendiculares a partir do centro da esfera em suas faces, até a encontrar a superfície da esfera. Agora, se os pontos de intersecção forem ligados, um dodecaedro será formado dentro da esfera. Por um processo semelhante, um icosaedro pode ser construído a partir de um dodecaedro.[98] A figura construída na forma descrita acima representará o Universo da matéria e o universo da luz astral tal como eles realmente existem. Não vou agora, entretanto, mostrar como o universo da luz astral pode ser considerado à luz de um icosaedro. Eu apenas declararei aqui que esta concepção dos filósofos arianos não deve ser encarada como mera "tagarelice teológica"

---

[97] [Veja *Todhunter's Spherical Trigonometry* (Trigonometria Esférica de Todhunter), página 143].

[98] [Idem, p 141, Art. 193].

ou como o resultado de uma fantasia descabida. O significado real da concepção em pauta pode ser explicado, acredito, por referência à psicologia e à ciência física dos antigos. Mas devo parar aqui e continuar a considerar o significado dos dois signos restantes.

XI) Kumbha (ou Aquário). Quando representada por números, a palavra é equivalente a quatorze. Pode ser percebido facilmente, então, que a divisão em questão destina-se a representar o *chaturdasa bhuvana*, ou os catorze loka mencionados nos livros sânscritos.

XII) Mîna (ou Peixes). Esta palavra é novamente representada pelo cinco quando escrita em números e é evidentemente destinada a transmitir a ideia de *pañchamahâbhûtas*, ou os cinco elementos. O signo também sugere que a água, não a água comum, mas o solvente universal dos antigos alquimistas, é o mais importante entre os ditos elementos.

Agora terminei a tarefa que defini para mim neste artigo. Meu propósito não é propriamente explicar a antiga teoria da criação, mas mostrar a conexão entre esta teoria e as divisões zodiacais. Eu trouxe à luz aqui apenas uma porção muito pequena da filosofia embutida nesses signos. O véu que foi habilmente jogado sobre certas partes do mistério ligado com estes signos pelos filósofos antigos nunca será levantado para a diversão ou edificação do público não iniciado.

Agora, para resumir os fatos descritos neste artigo, os conteúdos do primeiro capítulo da história deste universo são os seguintes:

(1) O Brahman autoexistente e eterno.
(2) Pranava (Aum).
(3) O Brahma andrógino, ou a bissexual *sephira* – Adam Kadmon.
(4) O sagrado tetragrama – os quatro *mâtras* de *Pranava* – os quatro *avasths* – os quatro estados de Brahma – o sagrado Târaka.
(5) Os cinco Brahmâs – os cinco Budas – representando em sua totalidade o Jivatma.
(6) A luz astral – a virgem sagrada – as seis forças na natureza.

(7) Os trinta e seis tattvas nascidos de avidyâ.

(8) O universo em pensamento – o swapna avasthâ – o microcosmo olhado de um ponto de vista subjetivo.

(9) Os nove *prajâpatis* – os assistentes do Demiurgo.[99]

(10) A forma do Universo material na mente do Demiurgo – o dodecaedro.

(11) Os quatorze *lokas*.

(12) Os cinco elementos.

A história da criação e deste mundo desde o seu início até os dias atuais é composta por sete capítulos. O sétimo capítulo ainda não está concluído.

[99] [As nove *sephiroth* cabalísticas emanadas de sephira, a décima, e a cabeça sephiroth são idênticas. Três trindades ou tríades com seu princípio emanativo da mística década pitagórica, a soma de tudo o que representa todo o cosmos. – Editor, The Theosophist.]

Carta para uma mulher cuja mãe morrera[100]

Por Robert Crosbie
Tradução: Edilson A. Pedrosa

Robert Crosbie (1849-1919), fundador da Loja Unida de Teosofistas.

Sua nota e perguntas foram entregues a mim na noite passada e eu estou feliz em responder.

De sua declaração, devo dizer que você trouxe de uma vida anterior aquele alargamento de visão e audição que você possui. Não é um "presente"; foi adquirido por você enquanto estava anteriormente num corpo.

O forte laço entre você e sua mãe não decorre, na minha opinião, da sua atual relação física nesta vida, antes é um vínculo de alma em outras vidas e não necessariamente na mesma relação nesta vida, embora pudesse muito bem ser. O fato é que persiste uma forte ligação entre a sua alma e a dela – um vínculo de amor altruístico, o poder mais forte do mundo.

Como todos os seres humanos são antes de tudo seres espirituais, a Terra não é o seu lugar de permanência perma-

[100] *To A Woman Whose Mother Had Died - A Letter by Robert Crosbie*. Publicada em "The Friendly Philosopher", p. 198-200: https://blavatskytheosophy.com/to-a-woman-whose-mother-had-died/. Crosbie foi fundador da Loja Unida dos Teosofistas em 25.6.1919.

nente; eles nascem em corpos, vivem, formam suas relações como seres físicos, psíquicos e espirituais e voltam novamente a seus estados mais reais e duradouros.

Como você deve estar ciente, o Uuniverso existe para os propósitos da alma, e nossa entrada na existência terrena é apenas uma fase de nossa existência consciente contínua. Quando dormimos, quer nossa consciência esteja no estado de sonho ou em outros estados mais internos e profundos, nossas relações reais (subjetivas) com outros seres humanos continuam. Assim também, na morte, quando deixamos o corpo, passamos para um estado como o de sonho por algum tempo e, então, entramos no mais pleno desfrute de uma existência autoconsciente, que cria para si o seu próprio ambiente com todos aqueles seres amados durante a vida vivida pela última vez. O estado é chamado *devachan* – ou o estado dos "deuses". Quando alguém a quem amamos deixa o corpo, carrega consigo o que quer que tenha sentido, amor ou desprezo. À medida que ele, assim como aqueles que deixou nos corpos, tem estados e formas interiores, aquilo que é sentido por ele é sentido interiormente por aqueles ainda em corpos. A impressão do sentimento do falecido é levada consigo ao ponto de ser reconhecida como tal. O sentimento de proximidade, a sensação de perceber palavras, admoestações ou encorajamento é devido à relação interior e amor dos que partiram, que não estão fisicamente próximos nem conscientes das nossas experiências terrenas diárias, mas o amor deles funciona como um proteção e como uma ajuda, pois estão conectados conosco em nossa natureza interior e superior. Em nossos estados interiores, vemos, sentimos, entendemos e traduzimos essa conexão em termos da vida cotidiana.

Você pode entender que não poderia haver felicidade para nossos entes queridos que partiram se eles estivessem cientes de nossas provações e dificuldades na existência terrena. A necessidade da Alma pela assimilação imperturbável da experiência mais elevads e melhor de sua vida requer apenas que o contato interior seja mantido, e isso está acima das exigências da corporificação física.

O "vapor fraco" que você viu na hora da morte foi a saída

da "forma astral" da física; os sentidos, faculdades e sentimentos dos que partiram estavam naquele "corpo" astral. Ela representava a forma física, pois era aquela em que os elementos puramente físicos haviam sido traçados e que agora os descartava.

Você fez exatamente a coisa certa ao deixar o corpo descansar e ter permanecido quieto até que o processo de separação do corpo estivesse completo. Isso deve ter vindo do entendimento interior, já que você não parece estar familiarizada com a lógica do processo. Você tinha uma percepção mais interna e verdadeira do que aqueles que pensavam que você estava mentalmente insana. O fato era que eles não haviam encontrado os seus, estando ligados em suas percepções e sentidos físicos.

O que você sente e entende como sendo "a vida agitada dela e dos amigos que ela encontrou" são representações dos pensamentos e sentimentos dela e não ações reais da parte dela, pois ela está em um estado subjetivo e não está em contato com outros seres, exceto de um modo subjetivo, isto é, ela está pensando neles de várias maneiras e relações, e você percebe os assuntos de seus pensamentos e ações.

Eu não sei se você leu o *Ocean of Theosophy* (Oceano de Teosofia). Ele passa muita coisa sobre estados post-mortem, como também o faz a *Key to Theosophy* (Chave para a Teosofia). Uma leitura e releitura deles seria uma ajuda para você, ao compreender que o contato real que temos com os outros é em pensamento, vontade e sentimento, que não depende de relações ou contato corporais.

Se o escritor puder ajudá-lo ainda mais na compreensão, ele ficará feliz.

O que um teósofo tem obrigação de não fazer[101]

Por H. P. Blavatsky

Pergunta: Na Sociedade Teosófica há leis ou cláusulas que estabeleçam quaisquer proibições para os seus membros?

Resposta: Muitas, mas não as impomos. Essas normas exprimem o ideal da nossa organização, mas deixamos a sua aplicação prática ao critério dos membros. É precisamente por isso que me vejo forçada a salientar a diferença que existe entre a verdadeira teosofia e a Sociedade Teosófica, pois esta, apesar de todos os seus esforços e boas intenções, não passa afinal do veículo indigno da primeira.

P: Não me poderá dizer que escolhos perigosos são esses que surgem no mar alto da Teosofia?

R: Bem lhes pode chamar escolhos, pois já houve muitos membros sinceros e bem intencionados da Sociedade Teosófica que encalharam neles com consequências fatais! E, no entanto, às vezes parece que seria extremamente fácil evitar determinadas coisas. Vou dar-lhe um exemplo de uma coisa que os teósofos não devem fazer e que constitui uma verdadeiro dever teosófico: nenhum teósofo deve ficar calado ao tomar conhecimento de acusações ou calúnias contra a Sociedade ou pessoas inocentes, quer estas sejam ou não membros da Sociedade.

[101] Este texto, denominado originalmente *What a Theosophist Ought Not to Do*, é um extrato do livro *The Key to Theosophy* (*A Chave para a Teosofia*), de H. P. Blavatsky, traduzido e publicado pela revista teosófica portuguesa Osíris n° 23, de 22.01.2013.

P: Mas supondo que essa acusação é verdadeira ou que pode ser verdadeira sem nós sabermos?

R: Nesse caso terá de exigir que lha provem, ouvir as partes interessadas com imparcialidade e não se limitar a não contradizer. Não temos qualquer direito de acreditar numa afirmação caluniosa antes de termos provas irrefutáveis quanto à sua exatidão.

P: Então o que é que se deve fazer?

R: A compaixão, a indulgência, a caridade e a paciência são virtudes que nos deviam permitir sempre desculpar os nossos irmãos pecadores e não julgar aqueles que erram com demasiada dureza. Um teósofo nunca deve esquecer que muitas falhas se devem a deficiências e fraquezas da natureza humana.

P: Num caso desses os teósofos devem então perdoar completamente?

R: Em todos os casos, e isso aplica-se sobretudo à pessoa contra a qual o pecado é cometido.

P: Mas o que deverão eles fazer se, ao perdoar, se arriscam a magoar alguém ou a deixar que outros sejam magoados?

R: Devem fazer o seu dever, aquilo que a sua consciência e natureza superior lhes ditar, mas só depois de ponderarem bem a atitude que devem tomar. A justiça consiste em não fazer mal a nenhum ser vivo, mas a justiça também manda que nunca deixemos que se faça mal à maioria ou mesmo a uma única pessoa inocente, deixando passar sem censura uma pessoa culpada.

P: Quais são as outras coisas que os membros da Sociedade Teosófica não devem fazer?

R: Nenhum teósofo deve se contentar com uma vida ociosa e frívola que não lhe traz bem nenhum a ele e ainda menos aos outros. Deverá trabalhar pelo bem daqueles que precisam dele se não tiver possibilidade de lutar pela humanidade e esforçar-se, desse modo, pelo desenvolvimento da causa teosófica.

P: Isso exige que uma pessoa tenha uma natureza excepcional e deve ser difícil para muita gente.

R: Nesse caso será melhor que não se tornem membros da Sociedade Teosófica, em vez de fingirem ser uma coisa que não são. Não pedimos a ninguém que dê mais do que aquilo que pode, quer se trate de dedicação, tempo, trabalho ou dinheiro.

P: E que mais?

R: Nenhum membro ativo deverá atribuir demasiada importância ao seu avanço ou conhecimento pessoais em matéria de estudos teosóficos, devendo antes trabalhar o mais que puder pelos outros. Não deverá deixar que sejam os poucos trabalhadores dedicados a suportar todo o peso e responsabilidade da causa teosófica. Os membros devem sentir que é seu dever compartilhar o trabalho comum na medida das suas possibilidades e dar toda a colaboração que lhes for possível.

P: É justo. Que mais há?

R: Nenhum teósofo deverá colocar a sua vaidade pessoal ou os seus sentimentos acima dos interesses da Sociedade como um todo. Aquele que sacrifica esses interesses ou a reputação doutras pessoas no altar da sua vaidade pessoal, benefício mundano ou orgulho, não deveria continuar a ser membro da Sociedade. Um órgão canceroso é quanto basta para afetar todo o corpo.

P: É dever dos membros ensinar aos outros e pregar a teosofia?

R: Sem dúvida. Nenhum membro tem o direito de ficar de braços cruzados sob o pretexto de saber demasiado pouco para poder ensinar, pois há sempre pessoas que sabem ainda menos do que ele. Além disso, só quando uma pessoa começa a tentar ensinar aos outros é que descobre a sua própria ignorância e tenta vencê-la. Mas essa regra é menos importante.

P: Qual é, então, o dever teosófico mais importante?

R: Estar sempre disposto a reconhecer e a confessar os seus próprios defeitos. É preferível pecar por sobrevalorizar os esforços do próximo do que por não se ser capaz de os apreciar. Nunca dizer mal duma pessoa nem caluniar ninguém. Dizer sempre aberta e diretamente aquilo que temos contra alguém. Nunca repetir nada que ouçamos dizer contra os outros nem guardar rancor contra aqueles que nos magoam.

P: Como é que se pode distinguir a maledicência da crítica justa? Não será nosso dever prevenir os nossos amigos e o nosso próximo contra pessoas que sabemos serem compa-

nhias perigosas?

R: Se pelo fato de não censurarmos alguém corremos o risco de deixar que outros sejam magoados, é sem dúvida nosso dever tentar evitá-lo prevenindo os interessados em particular. Mas nunca devemos espalhar uma acusação feita contra outra pessoa, seja ela verdadeira ou falsa. Se for verdadeira e não afetar senão o pecador, deixemo-lo entregue ao seu carma. Se for falsa, evitaremos desse modo uma injustiça maior. Não devemos, portanto, falar dessas coisas com pessoas a quem não dizem diretamente respeito. Mas se a nossa discrição e silêncio puderem magoar ou pôr em perigo outras pessoas, então devo acrescentar: "Diz a verdade custe o que custar", e repito as palavras de Annesly: "Aconselha-te com o dever e não com os acontecimentos." Há casos em que uma pessoa tem de dizer: "Mais vale não ser discreto do que deixar de cumprir o dever."

P: Já que admite haver pelo menos tanta, senão mais, maledicência, calúnia e questiúnculas na Sociedade Teosófica do que nas igrejas cristãs, para não falar de associações científicas, gostaria que me dissesse que espécie de fraternidade é essa?

R: É, de fato, uma amostra de fraca qualidade neste momento e, até que seja cuidadosamente joeirada e reorganizada, a Sociedade Teosófica não será melhor que outras organizações. Mas não esqueça que a natureza humana é a mesma dentro e fora da Sociedade. Os seus membros não são santos; na melhor das hipóteses são pecadores que se esforçam por se aperfeiçoar e que têm muitas possibilidades de cair de novo devido à sua fraqueza.

P: Não me parece que esteja numa posição muito invejável.

R: Na realidade não estou. Mas não acha que tem de haver algo de muito nobre, muito elevado e muito verdadeiro na Sociedade e na sua filosofia para que os seus dirigentes continuem a trabalhar por ela com todas as suas forças?

P: Devo confessar que tal perseverança me admira, e já perguntei a mim mesmo por que é que o fariam.

R: Pode acreditar que não é para nossa satisfação própria. Para a geração vindoura, o caminho para a paz será um pouco menos espinhoso e um pouco mais largo; todo esse sofrimento terá produzido bons resultados e o autossacrifício não terá sido em vão. Neste momento, o objetivo principal e fundamental da Sociedade é lançar nos corações dos homens sementes que a seu tempo germinem e que, em condições mais propícias, conduzam a uma reforma salutar que traga às massas uma maior felicidade do que aquela que lhes foi dado gozar até agora.

Contos assombrosos de Blavatsky

Apresentação

Na presente seção, pretendemos apresentar uma série de contos fantasmagóricos escritos magistralmente por Blavatsky em seu livro *The Nightmare Tales* (Os contos de Pesadelo). Além de transmitirem subliminarmente lições ocultistas e morais relevantes, as histórias, que se seguirão a cada novo volume da presente série de Luzes da Teosofia, deverão prender a atenção e a respiração dos leitores, sendo garantia de divertimento saudável. Ao ler cada narrativa, o leitor facilmente se ligará a uma ou mais personagens, sendo essa conexão e aquela entre diversão e ética que faz, à semelhança das fábulas bem contadas, o leitor perceber facilmente que está diante de um clássico e não desperdiçando o seu tempo com uma história mal contada.

Da introdução original do livro, extraímos as seguintes palavras de Annie Besant:

> O mundo conhece HPB principalmente por seu conhecimento enciclopédico, seus poderes ocultos e a sua coragem única. Este livrinho, composto de histórias produzidas por ela em seus momentos mais descontraídos, mostra-a como uma escritora espirituosa, dotada de imaginação brilhante. O estudante terá vislumbres da realidade sob o disfarce da fantasia e saberá que apenas a mão de um ocultista poderia ter dado certos toques às imagens retratadas.
>
> *The Nightmare Tales* foram reescritos durante os últimos meses da dolorosa vida da autora: quando cansada com a labuta enfadonha do *Glossário*

Teosófico, ela, que não podia ficar ociosa, voltou-se para este trabalho mais leve e encontrou nele diversão e relaxamento. Seus amigos de todas as partes do mundo darão as boas-vindas a este exemplo tão raro de utilização de dons em meio a tensão do trabalho mais duro.

Das Terras Polares (Uma história de Natal)[102]

Tradução: Edilson A. Pedrosa

Apenas um ano atrás, durante o feriado de Natal, muitas pessoas da sociedade se reuniram na casa de campo, ou melhor, no antigo castelo hereditário, de um rico proprietário de terras na Finlândia. Muitos eram os remanescentes do modo de vida hospitaleiro dos nossos antepassados e muitos os costumes medievais preservados, fundados em tradições e superstições meio finlandesas e meio russas, estas últimas importadas por suas proprietárias femininas das margens do Neva. Árvores de Natal que vinham sendo preparadas e implementas para adivinhação estavam prontas. Naquele antigo castelo, havia retratos corroídos por vermes de antepassados famosos, cavaleiros e damas, velhas torres abandonadas, com baluartes e janelas góticas; misteriosos becos sombrios e adegas escuras e intermináveis, facilmente transformadas em passagens subterrâneas e cavernas, celas de prisão fantasmagóricas, assombradas pelos fantasmas inquietos dos heróis das lendas locais. Em suma, a antiga mansão oferecia todas as comodidades para os horrores românticos. Mas, ai de mim! agora eles não servem para nada; na presente narrativa, esses queridos e velhos horrores não desempenham os papeis que poderiam. Seu principal herói é um homem muito comum

[102] Originalmente denominado *The Polar Lands* (*A Christmas Story*), este conto foi publicado em Blavatsky: Collected Writings – Volume XIII e no livrete *Nightmare Tales*, editado em 1892, por H.P.B. Press de Londres; tendo sido o último conto deste livrete e escrito proximamente ao final da vida da autora.

e prosaico – vamos chamá-lo de Erkler. Sim, Dr. Erkler, professor de medicina, meio alemão por parte de pai, um russo completo pelo lado da mãe e pela educação; alguém que parecia um mortal bem constituído e comum. No entanto, coisas muito extraordinárias aconteceram com ele.

Erkler, como se viu, foi um grande viajante, que por sua própria escolha havia acompanhado um dos exploradores mais famosos em suas viagens ao redor do mundo. Mais de uma vez ambos haviam visto a morte cara a cara por causa de insolação sob os trópicos e do frio nas regiões polares. Apesar de tudo, o médico falava com entusiasmo constante sobre suas "invernadas" na Groenlândia, na Nova Zembla e nas planícies do deserto na Austrália, onde almoçou um canguru e jantou uma emu, tendo quase morrido de sede durante a travessia por uma trilha sem água, que levou quarenta horas para completar.

"Sim", ele costumava dizer, "Eu experimentei quase tudo, exceto o que você poderia descrever como sobrenatural... Isso, claro, se não considerarmos um certo evento extraordinário em minha vida: um homem que conheci, de quem vou falar agora mesmo – e dele... de fato, bastante estranho, posso acrescentar coisas bastante inexplicáveis." Houve uma forte exigência para que ele se explicasse; e o médico, forçado a ceder, começou sua narrativa.

> Em 1878, fomos obrigados a passar o inverno na costa noroeste de Spitzbergen. Estávamos tentando encontrar nosso caminho durante o curto verão até o polo; mas, como de costume, a tentativa mostrou-se infrutífera devido aos icebergs e, depois de vários esforços estéreis, tivemos que desistir. Tão logo nos instalamos, a noite polar desceu sobre nós, nossos barcos a vapor entraram no Golfo de Mussel [Golfo de Mexilhão] e ficaram entalados entre os blocos de gelo, e nos sentimos separados por oito longos meses do resto do mundo dos vivos... Confesso que, por um lado, senti terrivelmente a princípio. Ficamos especialmente desanimados quando numa noite tempestuosa a nevasca espalhou um volume de materiais preparados para

nossas instalações de inverno e nos privou de mais de quarenta cervos de nosso rebanho. A perspectiva de fome não é um incentivo ao bom humor; e com os cervos perdemos a melhor plataforma de resistência contra as geadas polares, o organismo humano exige nesse clima um aumento de aquecimento e alimentos sólidos. No entanto, finalmente nos reconciliamos com a nossa perda e até nos acostumamos com alimentos locais e, na verdade, mais nutritivos – focas e gordura de foca. Nossos homens construíram dos restos de nossa madeira uma casa dividida nitidamente em dois compartimentos, um para mim e mais três professores e o outro para eles mesmos; sendo construídos também alguns galpões de madeira com propósitos meteorológicos, astronômicos e magnéticos, nós até acrescentamos um estábulo protetor para os poucos cervos remanescentes. E então começou a série monótona de noites e dias sem aurora, dificilmente distinguíveis um do outro, exceto pelas sombras cinza-escuras. Às vezes, os "azuis" em que entramos eram terríveis! Nós havíamos pensado em mandar dois dos nossos três navios para casa em setembro, mas a formação prematura e imprevista de paredes de gelo ao redor deles frustrou nossos planos; e agora, com as tripulações inteiras sob nossa responsabilidade, tínhamos que economizar ainda mais as nossas poucas provisões, combustível e luz. As lâmpadas eram usadas apenas para fins científicos: o resto do tempo tínhamos que nos contentar com a luz de Deus – a Lua e a aurora boreal... Mas impossível descrever essas luzes do norte gloriosas e incomparáveis! Anéis, flechas, conflagrações gigantescas de raios divididos precisamente nas cores mais vivas e variadas. As noites de luar de novembro eram maravilhosas. O jogo dos raios do luar na neve e nas rochas congeladas era ainda mais impressionante. Essas eram noites de fadas.

Bem, numa dessas noites – pode ter sido um dia desses pelo que eu sei, desde o final de novembro até meados de março não tivemos nenhum crepúsculo, para distinguir uma do outro – de repente avistamos no jogo de feixes coloridos, que estavam então lançando tons dourados e rosados nas planícies de neve, um ponto escuro e em movimento... Ele cresceu e pareceu se espalhar à medida que se aproximava de nós. O que isso significa?... Parecia um rebanho de gado ou um grupo de homens vivos trotando sobre o deserto de neve... Mas os animais eram brancos como todo o resto. O que então era isso?... seres humanos?...

Nós não podíamos acreditar em nossos olhos. Sim, um grupo de homens estava se aproximando de nossa morada. Eram cerca de cinquenta caçadores de focas guiados por Matiliss, um renomado marinheiro veterano da Noruega. Eles foram pegos pelos icebergs, assim como aconteceu conosco. "Como vocês souberam que estávamos aqui?", perguntamos. "Disse-nos o velho Johan, que nos mostrou o caminho até o vosso alojamento – eles responderam, apontando para um venerável ancião de cabelos brancos como a neve.

Para falar a verdade, seria melhor que o guia deles tivesse ficado em casa no calor do fogo do que vir caçar focas em terras polares com homens mais jovens. E nós lhes dissemos isso, ainda tentando imaginar como ele veio a saber de nossa presença nosso reino dos ursos brancos. Nisso Matiliss e seus companheiros sorriram, assegurando-nos que o "velho Johan" sabia de tudo. Eles comentaram que devíamos ser novatos nas zonas de fronteira polar, de vez que ignorávamos a personalidade de Johan e ainda podíamos nos admirar sobre qualquer coisa que se dissesse sobre ele.

"São quase quarenta e cinco anos" – disse o caçador-chefe – "que tenho capturado focas nos mares polares e, no que diz respeito à minha lembrança pessoal, eu sempre o conheci e assim como ele é agora, um ancião de barba branca. E tão distante quanto nos dias em que eu, ainda um menininho, costumava sair para o mar com meu pai, ele costumava me dizer o mesmo do velho Johan", acrescentando que seu pai e seu avô também, conheceram Johan em seus dias de infância, nenhum deles jamais o viu de outra maneira senão branco como nossas neves. "E como nossos antepassados o apelidaram de 'sabe tudo de cabelos brancos', assim nós, os caçadores de focas, o chamamos até hoje."

"Você nos faria acreditar que ele tem duzentos anos?" – nós rimos.

Alguns de nossos marinheiros, que se aglomeravam em torno do fenômeno de cabelos brancos, encheram-no de perguntas.

"Avô! Responda-nos, quantos anos você tem?"

"Eu realmente não sei, jovens. Vivo o tempo que Deus me decretou. Quanto a meus anos, eu nunca os contei."

"E como você sabia, avô, que estávamos passando o inverno neste lugar?"

"Deus me guiou. Como eu soube disso eu não sei; muito embora eu soubesse, eu sabia disso."

Biografias

Damodar K. Mavalankar[103]

ḌÂMOḌAR K. MAVALÂṄKAR.

O núcleo vital da Teosofia é a existência da fraternidade dos *mahatmas*. Esse fato sagrado dá sentido às sutilezas da cosmogênese e às complexidades da antropogênese. Ela molda todos os esforços teosóficos práticos. Os *mahatmas* estão prontos para ajudar e elevar todos os que buscam os cumes da sabedoria. A teosofia mostra o caminho da perfectibilidade pelo qual um ser humano pode ultrapassar o senso de alienação de seus companheiros e mergulhar no isolamento divino no centro da unidade consciente de toda a vida. Quem segue esse caminho aprende gradualmente a assumir total responsabilidade por sua natureza e existência e a agir de acordo com as implicações de tal conhecimento. Quando alguém ganha a lucidez da autoconsciência universal e perde toda a autopreocupação separativa, torna-se um *mahatma*, uma grande alma. Damodar K. Mavalankar foi um homem que percorreu esse caminho até onde os olhos mortais podem ver.

Damodar nasceu em Ahmedabad, Gujarat, em setembro de 1857. Como um nascido na casta Karhada Maharashtra

[103] Autor: Sri Raghavan Iyer. Fonte: https://www.theosophytrust.org/253-damodar-k-mavalankar.

Brahmana, ele recebeu uma excelente educação hindu tradicional. A riqueza de sua família possibilitou-lhe uma educação de inglês igualmente sólida. Quando muito jovem, ficou gravemente doente, sendo esperado que viesse a morrer. Durante a pior fase desse período, teve uma visão em que um ser resplandecente o auxiliava, e ele logo se recuperou. Novamente em visões, ele viu isso sendo feito duas vezes: uma vez quando seriamente doente e outra em meditação profunda.

Entre os dez e quatorze anos, Damodar estudou devotamente o *hindu dharma*, mantendo todas as práticas religiosas apropriadas à sua posição. Ao iniciar seus estudos acadêmicos, o ritual deu lugar à erudição, embora suas ideias e aspirações básicas permanecessem inalteradas. De acordo com seu próprio testemunho, ele não encontrou uma verdadeira paz de espírito e viveu pela rotina diária, posição social e gratificação pessoal. Mas em 1879 – o ano em que H.P.Blavatsky e H.S.Olcott chegaram a Bombaim para estabelecer um centro para a Sociedade Teosófica – Damodar leu *Isis Unveiled* (Ísis sem Véu). Ele imediatamente foi para Bombaim para prestar seus respeitos à notável autora que demonstrou tal sabedoria, destemor e devoção. Não se importando com a opinião do mundo, ela mostrou a segurança de alguém que sabia que os mestres existem e estão ativos no meio da humanidade.

H.P. Blavatsky em pé atrás de Henry Steel Olcott (meio sentado) e Damodar Mavalankar (sentado à esquerda). Bombaim 1881.

Quando Damodar entrou na sede da Sociedade Teosófica em Bombaim, ficou chocado ao ver um retrato do homem que aparecera três vezes em suas visões e descobrir que esse *mahatma* era um dos que estavam por trás de H. P. Blavatsky e do movimento teosófico. Convencido de que havia encontrado o portal que leva ao caminho da verdade, Damodar solicitou a ingresso à Sociedade Teosófica em 13 de julho de 1879. Em 3 de agosto, foi iniciado na Sociedade. Pouco depois, ele escreveu:

> Não é exagero dizer que eu tenho sido um homem realmente vivo apenas nestes poucos meses, pois, entre a vida como me parece agora e a vida como a compreendia antes, há um abismo insondável. Sinto que agora, pela primeira vez, tenho um vislumbre do que o homem e a vida são, da natureza e dos poderes de um e das possibilidades, deveres e alegrias do outro.

Damodar buscou e recebeu a permissão de seu pai para morar na Sede, e logo assumiu as funções tributárias do Secretário de Gravação Conjunta.

Damodar também procurou a bênção de seu pai em sua determinação de ter a vida de um *sannyasin* [um asceta hindu mendicante]. Ele havia sido prometido a Laxmibai quando criança e era esperado que se cassasse com ela. Quando ficou claro que seu desejo de se tornar um *chela* dos mestres era profundo e irreversível, foi autorizado a outorgar a maior parte de sua herança ancestral para o seu próprio pai, com a condição de que a menina fosse cuidada na casa da família por toda a vida. Embora de coração partido, ela nobremente respeitou a decisão de Damodar e viveu a vida de *saubhagyavati* – alguém cujo marido está vivo – mesmo depois do desaparecimento de Damodar no Tibete e até a sua própria morte, por volta dos sessenta anos.

O pai, tio e irmão mais velho de Damodar se juntaram à Sociedade Teosófica, mas todos desligaram-se quando ele renunciou à sua casta. H. P. Blavatsky e o coronel Olcott aconselharam Damodar a refletir cuidadosamente sobre essa decisão ousada e pesada. Tendo feito isso, ele declarou que todos os interesses mundanos

> ... são apenas os vapores de um sonho e que só é digno de ser chamado homem aquele que tornou o capricho seu escravo e a perfeição de seu ser espiritual o grande objetivo de seus esforços. Como eu não podia desfrutar dessas convicções e da minha liberdade de ação dentro da minha casta, estou saindo dela.

Quando no Ceilão, em 1880, para uma turnê de palestras, H. P. Blavatsky, Olcott e Damodar fizeram juntos o *pansil*, a cerimônia de *pancha shila* do budismo do Sul, na qual se promete defender os cinco preceitos ensinados pelo Buda: compaixão, autenticidade, pureza, sinceridade e temperança.

Nem promessas feitas publicamente nem detalhes pessoais externos podem revelar as atividades mais vitais e críticas de um chela, pois estas acontecem nos recessos da mente e do coração. No entanto, uma sugestão da força motriz por trás da ascensão meteórica de Damodar no caminho do discipulado pode ser encontrada em suas cartas para William Q. Judge. Em 5 de outubro de 1879, dois meses depois de entrar na Sociedade Teosófica, Damodar aconselhou:

> Seu único desejo deveria ser fazer tudo pela humanidade e não para si próprio, i.e., embora você esteja no mundo, seu homem interior deveria estar fora dele. Quando você fizer isso, você conhecerá outros meios de realizar seu objetivo a partir dos *adeptos*.

Esse equilíbrio sutil entre o desempenho estrito do dever e a completa liberação do apego à roda do nascimento e morte derivava da atitude de submissão direta de Damodar ao seu mestre. Em uma carta para W. Q. Judge, datada de 24 de janeiro de 1880, ele escreveu:

> Eu sei que Madame Blavatsky, que eu reverencio como meu guru, estimo como meu benfeitor e amo mais que a uma mãe, e outros cuja mera lembrança dá ao meu coração uma emoção que me faz tremer de veneração, fizeram-me favores de que não sou merecedor. . . . Cerca de um mês depois de entrar para a Sociedade, senti como se fosse uma voz dentro de mim, sussurrando-me que Madame Blavatsky não é o que ela aparenta ser... Eu pensei que devia ser algum grande *adepto* indiano que assumira aquela forma ilusória.

Damodar frequentemente retornava ao assunto dos adeptos, "porque esse é o único assunto em que estou interessado", insistindo neles sem permitir que o entusiasmo substituísse sua reticência natural.

Em 1880, o olho do mestre estava sobre Damodar. Perto do final do ano, ele tinha visto *adeptos* em suas formas astrais e foi levado em uma viagem astral por um deles.

> Irmão – ordenou-me para segui-lo. Depois de percorrer uma curta distância de cerca de meia milha, chegamos a uma passagem subterrânea natural que fica sob os Himalaias. O caminho é muito perigoso. Há uma calçada natural no Rio Indo que corre por baixo em toda a sua fúria. Apenas uma pessoa pode andar sobre ela de cada vez, e um passo falso sela o destino do viajante. Além desta calçada existem vários vales a serem atravessados. Depois de caminhar uma distância considerável através desta passagem subterrânea, entramos em uma planície aberta em L...k. Há um grande e massivo edifício com milhares de anos de idade. Na frente dele há um enorme *tau* egípcio. O edifício repousa em sete grandes pilares em forma de pirâmides. O portão de entrada tem um grande arco triangular. No interior existem vários alojamentos. O prédio é tão grande que acho que pode conter facilmente vinte mil pessoas. Mostram-me alguns desses compartimentos. Esse é o lugar central principal onde aqueles de nossa Seção que são merecedores de iniciação nos mistérios têm que ir para a sua cerimônia final

> e lá permanecer pelo período necessário. Eu subi com meu guru para o grande salão. A grandeza e serenidade do lugar é suficiente para impressionar qualquer um. A beleza do altar que está no centro e onde todo candidato tem que fazer seus votos no momento de sua iniciação deslumbrará, com certeza, os olhos mais brilhantes. O esplendor do trono do líder supremo é incomparável. Tudo baseia-se num princípio geométrico e contém vários símbolos que são explicados apenas ao iniciado. Mas eu não posso dizer mais nada agora, pois que estou sob uma obrigação de sigilo que assumi.

Uma carta que ele recebeu de um dos mestres confirmou a realidade dessa jornada astral.

Damodar obteve o privilégio de conhecer seu mestre em Lahore em novembro de 1883. Pouco tempo depois, Damodar e H. S. Olcott passaram alguns dias em Jammu, na Caxemira, como convidados do marajá. Damodar desapareceu sem avisar, tendo retornado transformado após três dias. Olcott registrou que Damodar estava "aparentemente robusto, resistente e vigoroso, ousado e enérgico em suas atitudes: mal podíamos perceber que ele era a mesma pessoa". Ele retornou a Adyar, agora a Sede permanente, e com novo zelo assumiu suas funções secretariais, incluindo a administração do escritório de publicação do The Theosophist.

A essa altura, tanto H. P. Blavatsky quanto H. S. Olcott viajavam frequentemente pela causa da teosofia e, cada vez mais, Damodar se tornava o principal responsável pelos assuntos em Adyar. Enquanto os fundadores estavam na Europa em 1884, o trágico caso Coulomb explodiu em Adyar. Durante o período sombrio, quando acusações de falsas alegações e truques foram arremessados contra a cabeça de sua instrutora, e os nomes de seus venerados mestres foram apregoados em público, Damodar permaneceu frio, intransigente e firme. "Os poderes da magia negra", escreveu ele, "são devidos à força de vontade engendrada por uma forma concentrada de egoísmo". Sem procurar se proteger, ele se recusou a comprometer os seus instrutores, falar de assuntos particulares ou vacilar em sua profunda lealdade espiritual ao movimento teosófico e àqueles que o promoviam. Manteve sua convicção junto com alguns outros enquanto muitos se afastavam ou assumiam posições ambíguas. Ele conquistou a honra de poder viajar para o ashram de seu mestre no Tibete.

H.P. Blavatsky retornou brevemente à Índia e abençoou sua jornada privilegiada. Em 23 de fevereiro de 1885, trinta e seis dias antes de H.P.Blavatsky deixar a Índia pela última vez, Damodar partiu a bordo da SS. Clan Grant. Chegando a Calcutá no dia 27, Damodar passou o começo de março em Benares e retornou a Calcutá no dia 14. Em 30 de março, recebeu um telegrama que o mandou para Darjeeling. Seus planos de viagem foram organizados e ele partiu para o norte em 13 de abril, passando por Runjeet, Vecha, Renanga, Sanangthay, Bhashithang e parando em Dumrah no dia 18. Lá ele esperou por instruções de Longbu, a cinco quilômetros de distância. No dia 19 ele entrou em Sikkim e no dia 23 foi autorizado a ir para Kali. De lá ele enviou seus *coolies*, pertences pessoais e diário de volta para Darjeeling.

Nada mais se sabe da vida de Damodar. De acordo com aqueles que o viram por último, ele se juntou à companhia de uma pessoa misteriosa e entrou no Tibete. H. P. Blavatsky e outros receberam cartas ocasionais dele até a sua morte, mas seu conteúdo é desconhecido.

Damodar incorporou as mais altas virtudes do *caminho do bodhisattva* e os princípios primitivos do *sanatana dharma*. Enquanto passava pelos mais severos julgamentos da alma e por grandes pressões externas, ele se correspondia com os teosofistas, com jornais amigáveis e hostis, e com parceiros interessados em todo o mundo. Escreveu artigos de compreensão penetrante e notável visão noética.

Ao resumir os três objetivos da Sociedade Teosófica, ele enfatizava o primeiro (formar um núcleo da Fraternidade Universal sem distinções de qualquer tipo) e assinalava que poucos podem conscientemente entrar na Fraternidade porque a maioria não aspira "conquistar as imensas dificuldades que se encontram entre a solidão e o companheirismo intelectual". Esse abismo é permanentemente preenchido por "mútua simpatia intelectual" sem fanatismo, dogmatismo ou preconceitos de qualquer espécie. Pode ser conseguido apenas em uma vida de meditação.

A ciência nos ensina que o homem muda seu corpo físico continuamente, e essa mudança é tão gradual que é quase imperceptível. Por que então isso deveria ser diferente com o homem interior? Este último também está constantemente desenvolvendo e mudando átomos a cada momento. E a atração desses novos conjuntos de átomos depende da lei da afinidade – os desejos do homem atraem para o seu corpo apenas as partículas que estão em harmonia com ele ou, antes, que lhe dão sua própria tendência e coloração...

Qual é o aspirante do *yoga vidya* que não se esforça para obter *mukti*, transferindo-se gradualmente do corpo mais grosseiro para o etéreo mais próximo, até que, todos os véus de *maya* sendo removidos sucessivamente, seu *atma* se torne um com Paramatma? Será que ele supõe que esse grande resultado pode ser alcançado por uma contemplação de duas ou quatro horas? Durante as vinte ou vinte e duas horas restantes em que o devoto não se fecha em seu quarto para meditar – o processo de emissão de átomos e sua substituição por outros é interrompido? Se não, então como ele pretende atrair todo esse tempo apenas aqueles adequados ao seu fim? Das observações acima é evidente que, assim como o corpo físico requer atenção incessante para impedir a entrada de uma doença, também o homem interior requer um relógio ininterrupto, de modo que nenhum pensamento consciente ou inconsciente possa atrair átomos inadequados ao seu progresso. Este é o verdadeiro significado da contemplação. O fator primordial na orientação do pensamento é a vontade.

Quando a vontade é dirigida com devoção incessante ao conhecimento do Eu (*Self*) e da harmonia em ação, o aspirante dominou a prática da raja yoga.

Raja yoga não encoraja farsa, não requer posturas físicas. Tem que lidar com o homem interior, cuja esfera está no mundo do pensamento. Ter o mais elevado ideal colocado diante de si mesmo e lutar incessantemente para se elevar até ele é a única concentração verdadeira reconhecida pela filosofia esotérica, que lida com o mundo interior dos númenos, não com a casca exterior dos fenômenos.

Damodar K. Mavalankar conquistou um lugar de destaque na constelação de teosofistas ilustres do século XIX e conquistou o maior privilégio que pode vir a qualquer ser humano: aceitação como um *chela* pelos *mahatmas*. H. P. Blavatsky, assim, prestou homenagem a D. K. Mavalankar:

> ... se a Sociedade tivesse dado à Índia apenas aquele futuro *adepto* (Damodar), que agora tem a perspectiva de se tornar um *mahatma*, apesar do *kali yuga*, só isso seria prova de que não foi fundada em Nova York e transplantada para a Índia em vão.

A diferença entre alma e espírito[104]

> Como um único Sol ilumina o mundo inteiro, o mesmo acontece com o espírito único que ilumina todo corpo. (Krishna, em *Bhagavad Gita*, capítulo XIII).
> ... todo o vosso espírito, alma e corpo... (Apóstolo Paulo, em 1 Tessalonicenses 5:23).

Espírito é quem e o que você é realmente. O puro e eterno espírito é o seu verdadeiro eu, a sua natureza essencial, a parte mais elevada do seu ser. O espírito é impessoal, sem forma e não é algo individualizado. Não existe um espírito diferente para cada pessoa. O espírito é Um e brilha sobre todos, assim como o Sol único brilha sobre todos nesta Terra. Meu espírito é o mesmo que seu espírito. De fato, não existe tal coisa como "meu espírito" ou "seu espírito" porque o espírito não conhece separação. É o que o hinduísmo chama de *Atman*, o *Self*, e é literalmente uno e o mesmo em essência e identidade com o Espírito Supremo, o Ser [*Self*] Supremo.

Assim como uma multidão de faíscas é expelida de um fogo ardente, incontáveis "faíscas" do único Espírito Supremo foram enviadas a este Universo manifestado há um tempo imensamente longo e finalmente retornarão ao Uno. Cada centelha divina é una com o Fogo Divino e com ele tem a mesma essência e identidade, mas tem que evoluir através dos reinos mineral, vegetal, animal, até que finalmente – no final

[104] Fonte: BlavatskyTheosophy.com ~ https: //blavatskytheosophy.com/the-difference-between-soul-and-spirit/. Tradução – Edilson A. Pedrosa

de sua jornada pelo reino animal – conquista e obtém para si uma alma.

A alma, ao contrário do espírito, é uma coisa individual. É uma entidade permanente (depois de ter sido desdobrada do espírito) e é a individualidade autoconsciente ou Ego que encarna e reencarna no reino humano e além. É o "Eu" do nosso ser. é o princípio da consciência, o princípio da mente, no homem. A alma é na verdade a mesma coisa que a mente.

Não devemos cometer o erro de pensar que a mente e o cérebro são a mesma coisa, porque não são. O cérebro é simplesmente um órgão físico, e a mente é a alma individual que pensa e se expressa através e com a ajuda daquele órgão. Temos um cérebro diferente em cada vida, porque temos um corpo físico diferente em cada uma delas, mas a mente é sempre a mesma. A mente/alma nunca pode se expressar em sua plenitude e totalidade em cada uma de suas encarnações. Ela só pode expressar-se parcialmente e, à medida em que o faz, é determinada pelo seu carma e nível de evolução e desenvolvimento.

A alma reencarna, mas o espírito não. As almas são muitas, mas o espírito é essencialmente um. Nenhuma filosofia espiritual na história jamais afirmou que é o espírito que reencarna. O espírito nunca tem qualquer conexão direta ou contato com a forma física. Uma razão para isso é que ele é tão subjetivo que não pode ter uma relação direta ou tangível com a objetividade da matéria. O espírito nunca está dentro do ser humano, mas está sempre acima dele e "sobrepairando-o", como o seu Eu Real ... como o *Self Uno* ... como a própria Totalidade Divina.

É tarefa e missão da alma aprender e perceber que em seu ser superior não há individualidade ou separação, mas apenas o Uno Universal, que chamamos de Espírito ou Atman. Firmar isso na consciência, fundir conscientemente e unir permanentemente a alma com o espírito é alcançar e realizar a ioga (união), e esse é o grande objetivo de todos. Essa tem sido a meta e a realização de todos os verdadeiros místicos e esoteristas ao longo dos tempos, tanto no Oriente quanto no Ocidente, onde às vezes isso é chamado de "casamento místico".

Não há desculpas nos tempos atuais para confundir alma

e espírito quando a diferença e distinção entre os dois tem sido tão clara e definitivamente explicada e mostrada nos ensinamentos espirituais esotéricos do mundo e, mais recentemente, nos ensinamentos da teosofia, particularmente os escritos de H. P. Blavatsky. Quando deixarmos de confundir os dois e compreendermos mais claramente a verdadeira natureza de ambos, poderemos apreciar mais profundamente estas belas e inspiradoras palavras da tradução poética de Sir Edwin Arnold do *Bhagavad Gita*, intitulada *The Song Celestial* (A Música Celeste):

... Nunca o espírito nasceu; o espírito nunca deixará de ser;
Nunca foi a hora que não foi. Fim e começo são sonhos!
Sem nascimento e imortal e imutável permanece o espírito para sempre;
A morte não o tocou, embora a casa dela pareça morta!

O que acontece com as pessoas que cometem suicídio?[105]

Tradução: Edilson A. Pedrosa

> O suicídio é o pior dos crimes e terrível em seus resultados. – H. P. Blavatsky
> ... O maior de todos os crimes em vida: suicídio. – Mestre S. B.
> Os suicidas não estão mortos, apenas mataram sua tríade física... Os suicidas, na esperança tola de escapar da vida, encontraram-se ainda vivos e têm sofrimentos suficientes para esta vida. Sua punição está na intensidade da última. – Mestre K. H.

Porque o suicídio não é a morte natural, mas uma forma altamente desnatural de morrer (a morte autoinduzida, que embora muito trágica e em muitos casos compreensível e digna de toda a nossa compaixão, ainda é espiritualmente ilícita) o processo é diferente do que se aplica no caso de morte comum e natural que foi descrito nos artigos Morte e Vida Após a Morte e Quando Morremos.

O indivíduo que comete suicídio permanece totalmente consciente, preso no *kama loka* (a atmosfera psíquica ou astral que cerca e interpenetra o plano físico), capaz de ver e testemunhar tudo o que está acontecendo na Terra relativamente a situações e pessoas das quais se separou, tendo que permanecer lá durante o tempo que lhe restava de vida se não tivesse se matado.

[105] Fonte: BlavatskyTheosophy.com, em https://blavatskytheosophy.com/what-happens-to-people-who-commit-suicide/.

Por exemplo, se a pessoa estava destinada por seu carma a viver por 90 anos numa determinada vida, mas se matou aos 20 anos, ela terá que permanecer dentro de *kama loka* por 70 anos e não poderá progredir até completar esse período. Os suicidas não conseguem passar pelo processo completo de morte e entrar no estado de *devachan* – ou "céu" – desde então.

A esse respeito, o Mestre K. H. explicou que "Aquela onda particular de vida em evolução deve morrer na praia." Os suicidas estão bem e verdadeiramente presos, e o sofrimento causado por aquele estado em que estão é muito pior do que o sofrimento do qual tentaram escapar na Terra.

O fato de ter que permanecer em *kama loka* por toda a duração restante da vida a que eles estavam destinados a viver não é, de forma alguma, uma espécie de "punição" decretada por um poder superior ou um ser divino. É meramente devido ao fato de que cada ser humano é composto de sete partes (geralmente chamadas os 'sete princípios' nos ensinamentos da teosofia) ou componentes, e as leis imutáveis da natureza exigem que estas partes se separem umas das outras da maneira certa, a ordem correta, e no momento certo, para que tudo ocorra natural e normalmente no momento da morte e depois.

A pessoa que morre de morte natural o faz porque os seus princípios percorreram gradual e naturalmente todo o seu curso de duração destinada e que, por sua própria vontade, deixaram de ser coerentes um com o outro. Mas esse obviamente não é o caso da pessoa que assassinou a si mesma; aquele que tirou a própria vida.

Eles se acham tão vivos depois, apenas agora sem a camada externa, que é o corpo físico, e num estado ainda mais "enclausurado" do que antes. Muitas vezes, cheios de arrependimentos e desejosos de voltar a ter contato com a vida na Terra, é relativamente fácil para eles iniciarem contato com um médium ou um médium procurá-los.

Mas essa é a pior coisa que podem fazer, pois é espiritualmente ilegal que os indivíduos reiniciem o contato com a vida da qual eles próprios privaram-se propositadamente. Os mestres e Madame Blavatsky ensinaram que, como um resultado, a vítima de suicídio que faz isso perderá com frequência sua alma para sempre, quando seu prazo de vida natural chegar ao fim. Um destino sombrio também estará reservado naturalmente ao médium que permitiu e consentiu que tal coisa acontecesse, pois teria criado carma terrível para si mesmo.

Seria bom se as pessoas deixassem em paz as almas que partiram e permitissem que elas progredissem no seu caminho ascendente! Depois de descrever algumas dessas coisas, o Mestre K. H. escreveu de forma comovente: "E agora você pode entender por que nos opomos tão fortemente ao espiritismo e à mediunidade".

No final do século XIX, quando os ensinamentos da teosofia foram dados ao mundo, o conceito de EQM (experiência de quase morte) era desconhecido. Apenas muito mais recentemente – e cada vez mais nas últimas décadas – é que a conscientização e o estudo científico sério dessas coisas aconteceram.

É interessante notar que a natureza e a descrição de quase todas as experiências de quase morte nos tempos modernos estão em perfeita harmonia com as explicações e detalhes fornecidos pela teosofia. Referimo-nos aqui à teosofia original e genuína – a de HP Blavatsky, William Quan Judge e dos Mestres – e não a de "teosofistas" posteriores como CW Leadbeater, Annie Besant e Alice Bailey, na medida em que as suas explicações e ensinamentos sobre a morte e a vida após a morte são profundamente diferentes das da teosofia original e não são apoiadas ou validadas por pesquisas contemporâneas sobre EQM ou outros fenômenos semelhantes.

Compare o ensinamento teosófico sobre a experiência reservada àquele que comete suicídio (que delineamos acima) com o que o Dr. Raymond Moody tem a dizer em seu famoso e conceituado livro *Life After Life* (Vida após a vida). Em relação às entrevistas que ele conduziu com pessoas que tiveram uma experiência de quase morte derivada de uma tentativa de suicídio da qual eles sobreviveram ou foram medicamente ressuscitados, Moody escreve:

> Essas experiências foram uniformemente caracterizadas como desagradáveis. Como uma mulher disse: "Se você deixar aqui uma alma atormenta-

da, você será uma alma atormentada por lá também". Em suma, eles relatam que os conflitos de que tentaram escapar por meio do suicídio ainda estavam presentes quando morreram, mas com complicações adicionais. Em seu estado desencarnado, foram incapazes de fazer qualquer coisa sobre os seus problemas, e também tiveram que ver as consequências infelizes que resultaram de seus atos. Um homem que estava desanimado com a morte de sua esposa se matou, como resultado "morreu", mas foi ressuscitado. Ele declara: 'Eu não fui onde [minha esposa] estava, fui a um lugar horrível ... Imediatamente vi o erro que cometi. ... Eu pensei, "gostaria de não ter feito isso." Outros que experimentaram esse desagradável estado de 'limbo' comentaram que tinham a sensação de que estariam lá por muito tempo. Essa era a penalidade por 'quebrar as regras', tentando libertar-se prematuramente do que era, na verdade, uma 'tarefa' – para cumprir certo propósito na vida.

Em seu livro subsequente, *Reflections on Life After Life* (Reflexões sobre a vida após a vida), Moody diz:

> Todas essas pessoas concordam em um ponto: sentiram que suas tentativas de suicídio não resolveram nada. Eles descobriram que estavam envolvidos [no outro mundo] exatamente com os mesmos problemas dos quais haviam tentado se libertar pelo suicídio. Qualquer que fosse a dificuldade que eles tentaram evitar, elas ainda estavam lá do outro lado, sem solução. Uma pessoa mencionou estar "presa" na situação que provocou sua tentativa de suicídio. [Foi] repetida de novo e de novo, como se estivesse em um ciclo.

No excelente livro *Reincarnation - A New Horizon in Science, Religion, and Society* (Reencarnação – Um Novo Horizonte na Ciência, Religião e Sociedade), Sylvia Cranston relata algumas das observações e experiências do psiquiatra americano George Ritchie durante sua própria EQM. Citamos aqui uma passagem particularmente relevante e trágica deste livro, que inclui trechos do próprio livro de Ritchie:

> De acordo com o psiquiatra George Ritchie, uma das piores sinas de um suicida é que, depois da morte, ele pode ver a miséria causada a outros por seu ato de autodestruição. Entre os lugares em que o Dr. Ritchie foi levado por seu guia celestial durante sua própria experiência de quase morte, havia uma casa em que um homem mais jovem seguia um mais velho de sala em sala. "Me desculpe, papai!" Ele continuava dizendo. "Eu não sabia o que faria com a mamãe! Eu não entendi." Mas, embora Ritchie pudesse ouvir claramente o rapaz, era óbvio que o homem com quem ele falava não podia. O velho carregava uma bandeja para uma sala onde uma mulher idosa estava sentada na cama. "Sinto muito, papai", o jovem disse novamente. "Sinto muito, mamãe." Sem fim, mais e mais, para os ouvidos que não podiam ouvir. Em perplexidade, virei-me para o brilho ao meu lado. Mas, embora eu sentisse que sua compaixão fluir como uma torrente na sala à nossa frente, nenhum entendimento iluminou minha mente. Várias vezes nós paramos diante de cenas semelhantes. Um garoto arrastando uma adolescente pelos corredores de uma escola. "Sinto muito, Nancy!"
> Houve, então, uma mulher de meia-idade implorando a um homem grisalho que a perdoasse. Ritchie virou-se suplicantemente para o guia: "Por que eles continuam conversando com pessoas que não os podem ouvir?" Então, da luz ao meu lado, veio o pensamento: Eles são suicidas, acorrentados a todas as consequências de seus atos . Essa ideia me surpreendeu, mas eu sabia que vinha dele, não de mim, pois agora não via mais cenas como essas, como se a verdade que ele estava ensinando tivesse sido aprendida.

É, portanto, muito apropriado que os mestres se refiram às vítimas de suicídio como "caminhantes da terra"!

Em seu artigo *Suicide Is Not Death* (O suicídio não é morte), William Q. Judge (um colega próximo de H.P. Blavatsky e cofundador com ela da Sociedade Teosófica) expressou o assunto da seguinte forma:

> O destino do suicida é horrível em geral. Ele se separou de seu corpo usando meios mecânicos que afetam o corpo, mas não podem tocar o homem real. Ele é então projetado no mundo astral, pois tem que morar em algum lugar. Lá, a lei implacável, que age realmente para o seu bem, obriga-o a esperar até que possa adequadamente morrer. Naturalmente ele deve esperar, meio morto, os meses ou anos que ele, segundo a ordem natural, deveria ter vivido antes que corpo, alma e espírito pudessem se separar corretamente. Ele se torna uma sombra; vive no purgatório, por assim dizer, chamado pelo teosofista de "o lugar do desejo e da paixão", ou *kama-loka*. Ele existe inteiramente no reino astral, devorado por seus próprios pensamentos. Continuamente repetindo, em pensamentos vívidos, o ato pelo qual tentou parar a peregrinação de sua vida e, ao mesmo tempo, vê as pessoas e o lugar que deixou, mas não consegue se comunicar com ninguém...

As taxas de suicídio estão aumentando drasticamente no século 21 e têm crescido desde os anos 1950 e 1960. As pessoas tinham tanta oportunidade e capacidade de se matar nos muitos séculos anteriores, mas não o faziam. O que isso nos diz sobre a nossa orgulhosa "civilização" moderna, na qual a ciência é o Deus do homem; o materialismo e a sensualidade, seu credo; a televisão, sua Bíblia falante; e a internet, seu playground?

A verdadeira espiritualidade não é fantasia ou ilusão, como cientistas e ateus gostariam que as pessoas acreditassem. É a revelação de fatos e realidades. A premissa básica fundacional da teosofia é que a *Verdade existe* e que há «aqueles que *sabem*." H. P. Blavatsky sabia exatamente do que ela estava falando, assim como o Sr. Judge e os mestres do Oriente de quem eram alunos e discípulos dedicados.

"A teosofia é para aqueles que a querem", escreveu Robert Crosbie, estudante e associado de Judge e fundador da United Lodge of Theosophists (Loja Unida de Teosofistas). Sim, a Verdade está aqui – a resposta para todas as perguntas e a solução para todos os problemas que você possa ter – se estiver disposto a recebê-la.

Dedicamos este artigo àquelas almas preciosas que já escolheram por fim às suas próprias vidas e àqueles que continuam conosco, embora lutando com pensamentos escuros e depressivos, contemplando o suicídio.

Possam todos encontrar a paz perfeita.

A busca do verdadeiro instrutor espiritual[106]

Na busca pelo verdadeiro instrutor, é comum acabarmos "distraídos" com instrutores externos, que podem funcionar temporariamente como reflexos do verdadeiro Instrutor, mas terão seus limites e falhas inevitáveis, sendo capazes de nos conduzir somente até determinada etapa do trajeto.

O instrutor final que todos buscamos é interno, embora de fato não haja diferença entre "dentro e fora", já que o mundo externo é um reflexo do interior, e o contrário também se aplique, toda "casca" exteriorizada funcionará como uma espécie de "filtro", que irá contaminar mais ou menos a instrução.

Mesmo aqueles grandes seres que chamamos de mes-

[106] Postado na Internet em 6.5.2018 por Camos: http://www.teosofiars.com.br/2018/05/a-busca-do-verdadeiro-instrutor.html .

tres, recebem esse título não por estarem aptos a instruírem outros, mas poder terem dominado a si mesmos, ou seja, são mestres deles mesmos. o verdadeiro trabalho é sempre interno, os acontecimentos externos são simples consequências da "grande obra" da alquimia interior.

Por mais purificado que seja um candidato a instrutor, seu ponto de vista sempre terá no mínimo o efeito inevitável de refração da luz pura, provocando maior ou menor distorção. Essa fonte comum em todos os seres também está em você, aguardando para ser "ouvida", se permitir, a instrução será diária e constante, com a prática, a frequência e a clareza só aumentam.

Muitos se empenham no trabalho pela humanidade e acabam esquecendo de trabalhar a si mesmos no decorrer do "trajeto". Esse esforço é nobre, mas não é o suficiente, todos nós somos parte desta humanidade que necessita ser auxiliada, e enquanto nossas ações não estiverem ao menos parcialmente iluminadas por essa luz interna, iremos verdadeiramente mais prejudicar do que auxiliar, por ignorância fazemos o mal, mesmo acreditando estarmos fazendo o "bem".

Portanto, não busque no mundo dos homens e nem mesmo no mundo dos "mortos" ou dos "deuses" o seu instrutor espiritual, pois tudo isso serão somente distrações temporárias, que não podem conduzir à meta final. O "objeto" da busca do espírito só pode ser encontrado dentro de cada um, no silêncio e contato íntimo com a essência comum a todos.

Somos parte da vida única da existência, nossa fonte é a não existência, aquilo que permanece... É lá a fonte onde devemos procurar a causa de todo efeito manifestado conforme o trabalho interno ocorre, ele inevitavelmente reflete em todos ao redor, quem modifica verdadeiramente a si mesmo, muda também todo o mundo e a humanidade, pois de fato são Um.

Índice dos artigos até agora editados

Volume 1

Volume 2

Volume 3

Volume 4

Volume 5